PANORAMA DE PARIS

DESCRIPTION

DES

PRINCIPAUX MONUMENTS ET GRANDS ÉTABLISSEMENTS

REVUE

DE L'INDUSTRIE ET DU COMMERCE

ET

GUIDE DE L'ÉTRANGER

TEXTE FRANÇAIS

de L. RIGA, Collaborateur de la BIBLIOTHÈQUE POUR TOUT LE MONDE, Auteur de différents Ouvrages instructifs et littéraires.

TEXTE ANGLAIS

de G. W. YAPP, Rédacteur des Catalogues officiels de l'Exposition de Londres de 1851, Auteur de DROITS D'ENTRÉE EN FRANCE, etc.

DESSINS

DE C. LEPAGE, CH. BOULAY, SAUVESTRE, CH. RIVIÈRE, DURAND-BRAGER, ED. RENARD, CH. VERNIER, E. MORIN, JULIENNE.

GRAVURES

DE BEST ET Cie, GOWLAND, H. D. LINTON, HILDIBRAND, MIDERICH, BRUX, A. PÉGARD, H. LEIGTON, H. SENILLON, DIOLOT.

PARIS

D. BOISTIER, ÉDITEUR, DIRECTEUR DE L'AGENCE INTERNATIONALE

Gérant du Journal THE TRAVELLERS' GUIDE

13, RUE MONTYON (FAUBOURG MONTMARTRE)

1857

PARIS
TYPOGRAPHIE DE HENRI PLON, IMPRIMEUR DE L'EMPEREUR.
Rue Garancière, 8.

GUIDE DE L'ÉTRANGER

CONTENANT

LA NOMENCLATURE ET UNE NOTICE

DES MINISTÈRES, AMBASSADES, CONSULATS, MUSÉES, BIBLIOTHÈQUES, THÉÂTRES,
BALS, CONCERTS, AMUSEMENTS DIVERS, VOITURES, CHEMINS DE FER, OMNIBUS, POSTE AUX LETTRES,
MUNICIPALITÉS, MAIRIES, JUSTICES DE PAIX, COMMISSAIRES DE POLICE,
ENVIRONS DE PARIS, HOTELS, CAFÉS, CABINETS DE LECTURE, CERCLES, ETC.

STRANGERS GUIDE

CONTAINING

A LIST OF THE MINISTERS OF STATE, FOREIGN AMBASSADORS AND CONSULS, WITH THEIR TITLES AND ADRESSES;
NOTICES OF THE MUSEUMS AND PUBLIC LIBRARIES, AND OF THEATRES, BALLS, CONCERTS AND OTHER AMUSEMENTS;
INFORMATION RESPECTING THE POST OFFICE, MUNICIPAL OFFICERS, MAGISTRATES AND POLICE,
THE ENVIRONS OF PARIS, HOTELS, CAFÉS, READING ROOMS, CLUBS, ETC.

MINISTÈRES.

MINISTÈRE D'ÉTAT
ET DE LA MAISON DE L'EMPEREUR.
Au Louvre, place du Carrousel et rue de Rivoli, 192.

Son Exc. M. Achille Fould, G. O. ✳, sénateur, ministre d'État et de la maison de l'Empereur.

MINISTÈRE DES AFFAIRES ÉTRANGÈRES.
rue de l'Université, 130.

Son Exc. M. le comte Colonna Waleski, G. O. ✳, sénateur, ministre secrétaire d'État au département des Affaires étrangères.

MINISTÈRE DE L'AGRICULTURE, DU COMMERCE
ET DES TRAVAUX PUBLICS.
Rue Saint-Dominique-Saint-Germain, 62 et 64.

Son Exc. M. Rouher, C. ✳, ministre secrétaire d'État au département de l'Agriculture, du Commerce et des Travaux publics.

MINISTÈRE DES FINANCES.
Rue de Rivoli, 234.

Son Exc. M. Magne, G. C. ✳, sénateur, ministre secrétaire d'État au département des Finances.

MINISTÈRE DE LA GUERRE.
Rue Saint-Dominique-Saint-Germain, 86, 88 et 90.

Son Exc. M. le maréchal comte Vaillant, G. C. ✳, sénateur, membre de l'Institut, grand maréchal du Palais, ministre secrétaire d'État au département de la Guerre.

MINISTÈRE DE L'INSTRUCTION PUBLIQUE
ET DES CULTES.
Rue de Grenelle-Saint-Germain, 110.

Son Exc. M. Rouland, ministre secrétaire d'État au département de l'Instruction publique et des Cultes.

MINISTÈRE DE L'INTÉRIEUR.
Rue de Grenelle-Saint-Germain, 101 et 103.

Son Exc. M. Billault, C. ✳, sénateur, ministre secrétaire d'État au département de l'Intérieur.

MINISTÈRE DE LA JUSTICE.
Place Vendôme, 11 et 13; bureaux : rue de Luxembourg, 36.

Son Exc. M. Abbatucci, G. O. ✳, sénateur, garde des sceaux, ministre secrétaire d'État au département de la Justice.

MINISTÈRE DE LA MARINE ET DES COLONIES.
Rue Royale-Saint-Honoré, 2.

Son Exc. M. l'amiral Hamelin, G. O. ✳, sénateur, ministre secrétaire d'État au département de la Marine et des Colonies.

Nota. Les ministres accordent des audiences particulières lorsqu'on leur en fait la demande par écrit, en indiquant l'objet dont on désire les entretenir.

MINISTERS.

MINISTER OF STATE
AND OF THE EMPEROR'S HOUSEHOLD.
Place du Carrousel et rue de Rivoli, 192.

His Excellency M. Achille Fould, senator, minister of State and of the Emperor's household.

MINISTER OF FOREIGN AFFAIRS.
Rue de l'Université, 130.

His Excellency M. le comte Colonna Waleski, senator, secretary of State for Foreign Affairs.

MINISTER OF AGRICULTURE, COMMERCE
AND PUBLIC WORKS.
Rue Saint-Dominique-Saint-Germain, 62 et 64.

His Excellency M. Rouher, secretary of State for the departments of Agriculture, Commerce and public Works.

MINISTER OF FINANCE.
Rue de Rivoli, 234.

His Excellency M. Magne, senator, secretary of State for the department of Finance.

MINISTER OF WAR.
Rue Saint-Dominique-Saint-Germain, 86, 88 et 90.

His Excellency M. le maréchal comte Vaillant, senator, member of the Institute, grand marshal of the Palace, minister of War.

MINISTER OF EDUCATION AND PUBLIC
WORSHIP.
Rue de Grenelle-Saint-Germain, 110.

His Excellency M. Rouland, secretary of State for the departments of Education and public Worship.

MINISTER OF THE INTERIOR.
Rue de Grenelle-Saint-Germain, 101 et 103.

His Excellency M. Billault, senator, secretary of State for Home affairs.

MINISTER OF JUSTICE.
Place Vendôme, 11 et 13; office, rue de Luxembourg, 36.

His excellency M. Abbatucci, senator, keeper of the seals, minister of public Justice.

MINISTER OF MARINE AND COLONIES.
Rue Royale-Saint-Honoré, 2.

His Excellency M. l'amiral Hamelin, senator, minister of Marine and Colonial Secretary.

N. B. The ministers grant private audiences when requests are made in writing stating the business upon which the interviews are desired.

AMBASSADES. — EMBASSIES.

AUTRICHE. — AUSTRIA.
Rue de Grenelle-Saint-Germain, 87.

M. le baron de Hubner, envoyé extraordinaire et ministre plénipotentiaire.
De 1 heure à 3 heures. — Visa, 3 francs; légalisation, 5 francs.

BADE. — BADEN.
Rue Joubert, 17.

M. le baron Schweizer, envoyé extraordinaire et ministre plénipotentiaire.
De 1 heure à 3 heures. — Visa français, 5 francs.

BAVIÈRE. — BAVARIA.
Rue d'Aguesseau, 15.

M. le baron de Wendland, O. ✳, envoyé extraordinaire et ministre plénipotentiaire.
De 1 heure à 3 heures. — Visa gratis pour les étrangers;
5 francs pour les Français.

BELGIQUE. — BELGIUM.
Rue de la Pépinière, 97.

M. Firmin Rogier, G. O. ✳, envoyé extraordinaire et ministre
plénipotentiaire.
De midi à 2 heures et demie. — Visa, 5 francs.

BOLIVIE. — BOLIVIA.
Rue Rumfort, 8.

M. le docteur Dorado, chargé d'affaires.
De 11 heures à 2 heures. — Visa gratis.

BRÉSIL. — BRAZIL.
Rue de la Pépinière, 106.

M. Thomas de Amaral, chargé d'affaires.
De midi à 3 heures. — Visa gratis.

BRUNSWICK (DUCHÉ DE). — BRUNSWICK.
Avenue Gabrielle, 46.

La légation de Hanovre est chargée de ses affaires.

CHILI. — CHILI.
Rue de Lille, 119; bureaux : rue Saint-Lazare, 31.

Le maréchal don Manuel Blanco Encalada, envoyé extraordinaire
et ministre plénipotentiaire.
De 10 heures à 2 heures. — Visa, 5 francs; légalisation, 10 francs.

CONFÉDÉRATION ARGENTINE.
M. Alberdi, chargé d'affaires.

COSTA-RICA. — COSTA-RICA.
Place de la Bourse, 4.

M. Lafond de Lurcy, ✳, chargé d'affaires.
De 10 heures à midi. — Visa gratis.

DANEMARK. — DENMARK.
Rue de la Pépinière, 88.

M. le comte de Moltke, envoyé extraordinaire et ministre plénipotentiaire.
De 11 heures à 2 heures. — Visa gratis.

DEUX-SICILES. — NAPLES AND TWO SICILIES.
Rue du Faubourg Saint-Honoré, 47.

Son Exc. le marquis d'Antonini, G. O. ✳, envoyé extraordinaire
et ministre plénipotentiaire.
De 1 heure à 3 heures. — Visa, 2 francs.

ESPAGNE. — SPAIN.
Rue de Courcelles, 29 et 31.

S. E. D. Salustiano de Olozaga, envoyé extraordinaire et ministre plénipotentiaire.
De 1 heure à 3 heures. — Visa gratis.

La légation d'Espagne représente aussi les duchés de Parme et de Plaisance. — The Spanish
Legation acts also for the duchies of Palma and Plaisance.

ÉTATS-ROMAINS. — ROMAN STATES.
Rue de l'Université, 69.

S. E. Monsignor Sacconi, archevêque de Nicée, nonce aposto-
lique.
De 11 heures à 1 heure. — Visa, 3 francs; légalisation, 5 francs.

ÉTATS-UNIS D'AMÉRIQUE.
UNITED STATES OF NORTH AMERICA.
Rue Beaujon, 13.

M. John y Mason, envoyé extraordinaire et ministre plénipotentiaire.
De midi à 2 heures. — Visa gratis.

GRANDE-BRETAGNE. — GREAT BRITAIN.
Rue du Faubourg Saint-Honoré, 39.

Son Exc. lord Cowley, ambassadeur extraordinaire et ministre
plénipotentiaire.
De 11 heures à 2 heures. — Visa gratis.

GRÈCE. — GREECE.
Rue du Cirque, 20.

M. Mavrocordato, envoyé extraordinaire et ministre plénipotentiaire.
De 11 heures à midi. — Visa gratis.

GUATEMALA. — GUATEMALA.
Rue Neuve-des-Mathurins, 102.

M. Juan de Francisco Martin, ministre plénipotentiaire.

HAÏTI. — HAYTI.
Rue Malesherbes, 1.

Le général Delva, comte de Dammemarie, ministre plénipotentiaire.
De 11 heures à 2 heures. — Visa gratis.

HANOVRE. — HANOVER.
Avenue Gabrielle, 46.

M. le comte de Platen Hallermund, ministre résident.
De midi à 2 heures. — Légalisation, 6 francs.

HESSE-ÉLECTORALE. — HESSE (ELECTORAL).
Rue Miroménil, 16.

M. le baron Doernberg, ministre résident.
De 9 heures à 11 heures. — Visa, 5 francs.

HESSE-GRAND-DUCALE. — HESSE CASSEL (DUCHY).
Rue de Grenelle-Saint-Germain, 112.

M. le baron de Grancy, ministre résident.
De 11 heures à 2 heures.

HONDURAS. — HONDURAS.
Rue d'Aumale, 19.

M. Victor Herran, ministre plénipotentiaire.
De 10 heures à midi et de 4 à 6 heures. — Visa, 5 francs.

MECKLENBOURG-SCHWERIN.
Rue du Faubourg Saint-Honoré, 35.

M. de Oerthling, ministre résident.
De 9 heures à 3 heures. — Visa gratis.

MEXIQUE. — MEXICO.
Rue d'Amsterdam, 39.

M. Oseguera, premier secrétaire, chargé d'affaires.
De 11 heures à 3 heures. — Visa français, 5 francs;
étrangers, 10 francs; mexicains, gratis.

PARME ET PLAISANCE. — PARMA AND PLAISANCE.
(*Voyez Espagne. — See Spain.*)

PAYS-BAS. — HOLLAND.
Rue du Cirque, 2.

M. Lightenvelt, envoyé extraordinaire et ministre plénipotentiaire.
De 11 heures à 1 heure. — Visa, 2 francs.

PORTUGAL. — PORTUGAL.
Rue d'Astorg, 32.

M. le baron de Paiva, G. O. ✳, envoyé extraordinaire et ministre plénipotentiaire.
De midi à 1 heure et demie. — Visa français, 5 fr. ; étrangers, gratis.

PRUSSE. — PRUSSIA.
Rue de Lille, 78.

M. le comte de Hatzfeldt, envoyé extraordinaire et ministre plénipotentiaire.
De midi à 1 heure et demie. — Visa français, 5 francs.

RUSSIE. — RUSSIA.
Rue du Faubourg-Saint-Honoré, 33.

. . . .

SARDAIGNE. — SARDINIA.
Rue Saint-Dominique-Saint-Germain, 133.

M. le marquis Pes de Villa Marina, envoyé extraordinaire et ministre plénipotentiaire.
De 11 heures à midi. — Visa de 1re classe, 4 fr.; de 2e classe, 2 fr.

SAN-SALVADOR. — SAN-SALVADOR.
Rue d'Aumale, 19.

M. Herran, chargé d'affaires.
De 10 heures à midi, et de 4 à 6 heures. — Visa, 5 francs.

SAXE ROYALE. — SAXONY.
Rue du Faubourg-Saint-Honoré, 170.

M. de Seebach, envoyé extraordinaire et ministre plénipotentiaire.
De midi à 2 heures. — Visa français, 5 francs; étrangers, gratis.

SUÈDE ET NORWÉGE. — SWEDEN AND NORWAY.
Rue d'Anjou-Saint-Honoré, 74.

M. le lieutenant-général comte de Lœwenhielm, G. O. ✳, envoyé extraordinaire et ministre plénipotentiaire.
Jusqu'à 2 heures. — Visa, 5 francs.

SUISSE. — SWITZERLAND.
Rue Chauchat, 9.

M. le colonel fédéral Barman, chargé d'affaires.
De 10 heures à 3 heures. — Visa, 3 francs.

TOSCANE. — TUSCANY.
Rue Caumartin, 31.

M. le marquis Tanay de Nerly, chargé d'affaires.
De midi à 2 heures. — Visa français, 5 francs.

TURQUIE. — TURKEY.
Rue de Grenelle-Saint-Germain, 116.

Son Exc. Mehemed-Djemil-Bey, ambassadeur.
De midi à 2 heures. — Visa, 2 francs 50 centimes.

VILLES LIBRES ET HANSÉATIQUES DE LUBECK, BRÊME ET HAMBOURG, ET VILLE LIBRE DE FRANCFORT.
Rue Trudon, 6.

M. Rumpff, ministre résident.
De 11 heures à 2 heures. — Visa gratis.

WURTEMBERG. — WURTEMBERG.
Rue d'Aguesseau, 13.

M. le baron Waechter, ministre résident.
De 11 heures à 1 heure. — Visa gratis.

CONSULATS. — CONSULS.

AUTRICHE. — AUSTRIA.
Baron de Rothschild, G. O. ✳, consul général, rue Laffitte, 19.

BOLIVIE. — BOLIVIA.
Mariano Montero, consul général, rue de Grenelle-St-Germain, 71.

BRÉSIL. — BRAZIL.
M. Maciel da Rocha, chargé du cons^t gén^{al}, rue de Ponthièvre, 19.

CHILI. — CHILI.
Marco del Pont, consul général, rue Saint-Lazare, 31.

COSTA-RICA. — COSTA-RICA.
Lafond de Lurcy, ✳, consul général, place de la Bourse, 4.

DANEMARK. — DENMARK.
Baron Delong, C. ✳, consul général, rue de Trévise, 29.

ÉTATS-UNIS D'AMÉRIQUE. — UNITED STATES.
M. Duncan K. Mac Rae, consul, rue Caumartin, 57.

GRANDE-BRETAGNE. — GREAT BRITAIN.
M. Pickford, consul, rue du Faubourg-Saint-Honoré, 39.

GRÈCE. — GREECE.
M. d'Eichtal, consul général, rue Basse-du-Rempart, 30.

GUATEMALA. — GUATEMALA.
M. Alcain, consul général, rue de Rougemont, 8.

HESSE ÉLECTORALE. — HESSE.
M. Bleymuller, consul, rue Drouot, 20.

HOLSTEIN-OLDENBOURG. — HOLSTEIN-OLDENBURG.
M. Grieninger, consul, rue Saint-Georges, 13.

LIBERIA. — LIBERIA.
M. Dumont, consul, rue de la Victoire, 43.

MECKLENBOURG-SCHWERIN.
M. Bornemann, consul, rue de la Victoire, 38.

MEXIQUE. — MEXICO.
M. O'Brien, consul général, rue Mogador, 3.

NOUVELLE GRENADE (RÉPUBLIQUE DE LA). NEW-GRENADA.
M. Dias-Granados, consul.

NICARAGUA. — NICARAGUA.
M. Movil, ✳, consul général, rue du Rocher, 46.

PARAGUAY. — PARAGUAY.
M. Laplace, ✳, consul général, rue Saint-André-des-Arts, 47.

PARME. — PARMA.
M. Rubio de Pradas, ✳, consul, rue Trouchet, 27.

PÉROU. — PERU.
M. Marco del Pont, consul général, rue Saint-Lazare, 31.

PERSE. — PERSIA.
M. Flury-Herard, O. ✳, consul général, rue Saint-Honoré, 371.

PORTUGAL. — PORTUGAL.
M. Mousinho de Silveira, conseiller de légation chargé du consulat, rue Blanche, 44.

SAINT-MARIN (RÉPUBLIQUE DE). — SAN MARINO.
M. Paltrineri, consul, rue Laffitte, 6.

SALVADOR (RÉPUBLIQUE DE). — SAN SALVADOR.
M. Jules Thirion, ✳, consul général, rue du Faubourg-Poissonnière, 32.

SARDAIGNE. — SARDINIA.
M. Cerutti, ✳, consul, chancelier de la légation, rue Saint-Dominique-Saint-Germain, 133.

SAXE (ROYAUME DE). — SAXONY.
M. Albrecht, consul, rue Basse-du-Rempart, 10.

SUÈDE ET NORWÉGE. — SWEDEN AND NORWAY.
M. Leroux, consul général.

TURQUIE. — TURKEY.
M. Donon, consul général, rue de la Victoire, 44.

URUGUAY. — URUGUAY.
Le chevalier Gavrelle, consul général, rue Saint-Honoré, 368.

VENEZUELA. — VENEZUELA.
M. Thirion, ✳, consul, rue du Faubourg-Poissonnière, 32.

VILLES LIBRES ET HANSÉATIQUES. HANSEATIC TOWNS, ETC.
M. Bleymuller, consul, rue Drouot, 20.

MUSÉES IMPÉRIAUX.

Direction générale au Louvre.

M. le comte de Nieuwerkerke, O. ✲, membre de l'Institut, directeur général, intendant des Beaux-Arts de la maison de l'Empereur.

MUSÉE ÉGYPTIEN.

MUSÉE DES ANTIQUES ET DES SCULPTURES MODERNES.

MUSÉE DES PEINTURES.

DESSINS ET CHALCOGRAPHIE.

MUSÉE DES SOUVERAINS ET DES OBJETS D'ART DU MOYEN AGE ET DE LA RENAISSANCE.

MUSÉE ETHNOGRAPHIQUE ET DE LA MARINE.

Ces six Musées sont sis dans les galeries du Louvre.

Tous les jours de la semaine, le lundi excepté, sont consacrés à l'étude dans les galeries des tableaux et dans celles des statues et des marbres antiques.

Les dimanches, tous les musées sont ouverts au public depuis 10 heures jusqu'à 4.

Pendant les jours d'étude, on admet seulement les étrangers, voyageurs, sur la présentation de leurs passe-ports.

MUSÉE DU LUXEMBOURG.

Au palais du Luxembourg.

Les ouvrages des artistes vivants acquis par le gouvernement sont principalement placés dans ces galeries.

Elles sont ouvertes à l'étude tous les jours de la semaine, le dimanche et le lundi exceptés, de 9 heures à 4 heures. Le public y est admis le dimanche de 10 heures à 4 heures.

MUSÉE HISTORIQUE DE VERSAILLES.

Au palais de Versailles.

Ce musée, qui a une destination toute spéciale, renferme une nombreuse collection de tableaux, portraits, statues, bas-reliefs, bustes, médailles, etc., qui consacrent les souvenirs les plus intéressants de l'histoire de France.

Il est ouvert au public les lundis, mardis, mercredis, samedis et dimanches, de midi à 4 heures.

MUSÉE DES THERMES ET DE L'HOTEL CLUNY.

Rue des Mathurins-Saint-Jacques, 12 et 14.

Consacré aux monuments, meubles et objets d'art des temps antiques, du moyen âge et de la renaissance.

Il est ouvert au public les dimanches de 11 heures à 4 heures. Les mercredis, jeudis et vendredis, le public est admis avec billets d'entrée délivrés par le conservateur administrateur, M. du Sommerard.

CONSERVATOIRE IMPÉRIAL DES ARTS ET MÉTIERS.

Rue Saint-Martin, 292.

Les salles et galeries des collections sont ouvertes au public les dimanches et jeudis, depuis 10 heures jusqu'à 4. Les étrangers voyageurs y sont admis sur la présentation de leurs passe-ports les mardis, mercredis et samedis, de 11 heures à 3 heures.

La bibliothèque est ouverte au public tous les jours de 10 heures à 4 heures, excepté le lundi.

ÉCOLE IMPÉRIALE DES MINES.

Rue d'Enfer, 30.

Les galeries et collections sont ouvertes au public les mardis, jeudis et samedis de 11 heures à 3 heures, et tous les jours aux étrangers et aux personnes qui désirent étudier.

MUSÉE MONÉTAIRE.

Quai Conti, hôtel des Monnaies, 11.

Ouvert au public les mardis et vendredis, de midi à 3 heures.

MUSÉE D'ARTILLERIE.

Place Saint-Thomas-d'Aquin, 1.

Ouvert le jeudi de midi à 4 heures; on n'est admis qu'avec une permission du conservateur, auquel on doit en faire la demande par écrit. Les étrangers y sont admis le même jour sur la présentation de leurs passe-ports non périmés.

PUBLIC MUSEUMS.

Direction general at the Louvre.

Comte de Nieuwerkerke, member of the Institute, comptroller of Fine Arts in the Imperial Palace.

EGYPTIAN MUSEUM.

MUSEUM OF ANCIENT AND MODERN SCULPTURE.

GALLERY OF PAINTINGS.

GALLERY OF DRAWINGS AND ENGRAVINGS.

MUSEUM OF THE SOVEREIGNS AND OF OBJECTS OF ART OF THE MIDDLE AGES AND OF THE RENAISSANCE.

ETHNOGRAPHICAL AND MARINE MUSEUM.

The above are all contained in the galleries and appartments of the Louvre.

Students are admitted to study any day in the week, Monday excepted, in the galleries of paintings and sculpture.

On Sunday all the galleries are open free to the public from 10 till 4 o'clock.

During the days of study, strangers are admitted on showing their passports.

GALLERY OF THE LUXEMBOURG.

At the Luxembourg.

The works of living painters, which are the property of the nation, are chiefly contained in this gallery.

They are open for study each week day, Monday excepted, from 9 till 4 o'clock. The public is admitted on Sunday from 10 till 4 o'clock.

VERSAILLES GALLERY OF HISTORICAL PAINTINGS.

In the palace at Versailles.

This gallery contains a large collection of historical pictures, portraits, bas-reliefs, statues, busts, medals, etc., illustrative of French history.

It is open to the public on Sunday, Thursday, Wednesday and Saturday from 12 till 4 o'clock.

MUSEUM OF THE PALACE OF THERMES AND HOTEL CLUNY.

Rue des Mathurins-Saint-Jacques, 12 and 14.

Collection of monuments, furnitures, objects of art, and curiosities of the middle ages and period of the renaissance.

It is open to the public on Sundays from 11 to 4 o'clock, and on Wednesdays, Thursdays and Fridays by order of the conservator M. du Sommerard.

CONSERVATOIRE OF ARTS AND MANUFACTURES.

Rue Saint-Martin, 292.

The collections are open to the public on Sundays and Thursdays from 10 to 4 o'clock. On other days, Monday and Friday excepted, by payment of a franc or by showing a passport, from 11 to 3 o'clock.

The library and museum of mechanical drawings and patents, are open every day, except Monday, from 10 to 4 o'clock.

IMPERIAL SCHOOL OF MINES.

Rue d'Enfer, 30.

The collections are open to the public on Tuesday, Thursday and Saturday from 11 till 3 o'clock; and every day to students and strangers.

MUSEUM OF COINS AND MEDALS.

At the hôtel des Monnaies, quai Conti, 11.

Open to the public on Tuesday and Friday, from 12 to 3 o'clock.

MUSEUM OF ARTILLERY.

Place Saint-Thomas-d'Aquin, 1.

Open on Thursday from 12 to 4 o'clock. Strangers are admitted on presenting their passports.

MUSÉUM D'HISTOIRE NATURELLE.
Au jardin des Plantes.

Les galeries de zoologie, d'anatomie, d'anthropologie, de botanique, de géologie et de minéralogie sont ouvertes au public les mardis et vendredis, de 2 à 5 heures, depuis le 1er février jusqu'au 30 novembre, et de 2 heures jusqu'à la nuit pendant les mois de décembre et de janvier. La bibliothèque est ouverte tous les jours de 11 heures à 3 heures, les dimanches et jeudis exceptés.

La ménagerie est visible tous les jours depuis 11 heures jusqu'à 3, en hiver, et jusqu'à 5 en été.

MANUFACTURE IMPÉRIALE DE PORCELAINES ET DE PEINTURE SUR VERRE.
A Sèvres.

Le public est admis à visiter l'établissement tous les jeudis de midi à 4 heures, et tous les jours de la semaine, avec des billets délivrés au ministère d'État.

MANUFACTURE IMPÉRIALE DES GOBELINS.
Rue Mouffetard, 254.

Le public est admis à visiter l'établissement avec des billets délivrés au ministère d'État, le mercredi et le samedi de chaque semaine.

MUSÉE DUPUYTREN.
Rue de l'École de Médecine.

Ouvert tous les jours aux étudiants, de 11 à 3 heures.

MUSÉE D'ANATOMIE.
A l'École de Médecine.

Ouvert tous les jours aux étudiants de 11 à 3 heures.

MUSÉE D'ARCHITECTURE.
Au palais de l'Institut.

Ouvert tous les jours, de 10 à 3 heures, les dimanches exceptés.

L'OBSERVATOIRE.
Au bout de la grande avenue du jardin du Luxembourg.

Visible seulement avec l'autorisation du directeur.

BIBLIOTHÈQUES.

BIBLIOTHÈQUE IMPÉRIALE DU LOUVRE.
Quai du Louvre.

80,000 volumes. — Non publique.

BIBLIOTHÈQUE IMPÉRIALE.
Rue Richelieu, 58.

Ouverte aux lecteurs tous les jours non fériés, de 10 heures à 3 heures, et pour les visiteurs les mardis et vendredis, aux mêmes heures.

1,700,000 volumes imprimés. — 80,000 volumes manuscrits.
1,400,000 volumes de cartes, gravures et estampes.
120,000 médailles et diverses antiquités et curiosités extrêmement précieuses.

BIBLIOTHÈQUE SAINTE-GENEVIÈVE.
Place du Panthéon, 1.

Ouverte le matin de 10 heures à 3 heures, et le soir de 6 heures à 10 heures. — 150,000 volumes imprimés. — 3,000 manuscrits.

BIBLIOTHÈQUE MAZARINE.
Quai Conti, 23, au palais de l'Institut.

Ouverte tous les jours de 10 heures à 3 heures.
200,000 volumes imprimés. — 4,000 manuscrits.

BIBLIOTHÈQUE DE L'ARSENAL.
Rue de Sully, à l'Arsenal.

Ouverte tous les jours, de 10 heures à 3 heures.
200,000 volumes imprimés. — 8,000 manuscrits.

BIBLIOTHÈQUE DE LA SORBONNE.
A la Sorbonne.

Ouverte tous les jours, de 10 à 3 heures, et de 7 heures à 10 heures du soir. — 80,000 volumes.

BIBLIOTHÈQUE DE LA VILLE DE PARIS.
A l'hôtel de ville.

Ouverte tous les jours, de 10 heures à 3 heures. — 55,000 volumes.

BIBLIOTHÈQUE DU CORPS LÉGISLATIF.

S'adresser par écrit aux questeurs de la Chambre ou au bibliothécaire. — 50,000 volumes.

MUSEUM OF NATURAL HISTORY.
At the jardin des Plantes.

The galleries of zoology, anatomy, ethnology, botany, geology and mineralogy are open to the public on Tuesday and Friday from 2 to 5, from the 1st February to the 30th November, and from 2 till dark during December and January. The library is open every day from 11 till 3, Sunday and Thursday excepted.

The menageries are open from 11 to dusk every day, but certain parts require an order from the director in the gardens.

THE IMPERIAL MANUFACTORY OF CHINA AND PAINTED GLASS.
At Sèvres.

The public is admitted on Thursday from 12 till 4, and on other days with orders to be obtained of the Minister of State.

IMPERIAL MANUFACTORY OF GOBELIN TAPESTRY AND CARPETS.
Rue Mouffetard, 254.

Open on Wednesday and Saturday, by tickets to be obtained at the office of the Minister of State.

MUSEUM DUPUYTREN.
Rue de l'École de Médecine.

Open to students every day from 11 to 3.

MUSEUM OF ANATOMY.
At the École de Médecine.

Open to students every day from 11 to 3.

ARCHITECTURAL MUSEUM.
At the Institute of France, quai Conti.

Open every day, Sunday excepted, from 10 to 3.

THE OBSERVATORY.
At the end of the long avenue in the garden of the Luxembourg.

Admission only by order of the director.

LIBRARIES.

IMPERIAL LIBRARY OF THE LOUVRE.
Quai du Louvre.

80,000 vols. -- Not open to the public.

IMPERIAL LIBRARY.
Rue Richelieu, 58.

Open to readers every day from 10 to 3; and to visitors on Tuesday and Friday.

1,700,000 printed volumes. — 80,000 manuscripts.
1,400,000 maps, engraved plates and impressions.
120,000 medals, and many very rare antiquities and curiosities of various kinds.

LIBRARY OF SAINTE-GENEVIÈVE.
Opposite the Pantheon.

Open from 10 to 3 in the day, and from 6 to 10 in the evening. — 150,000 printed volumes. — 3,000 manuscripts.

MAZARINE LIBRARY.
Quai Conti, 23, at the Institute of France.

Open every day from 10 to 3 o'clock.
200,000 printed volumes. — 4,000 manuscripts.

LIBRARY OF THE ARSENAL.
Rue de Sully.

Open every day from 10 to 3 o'clock.
200,000 printed books. — 8,000 manuscripts.

LIBRARY OF THE SORBONNE.
Place de la Sorbonne, rue de Cluny, 23.

Open every day from 10 to 3, and from 7 to 10 o'clock in the evening. — 80,000 volumes.

LIBRARY OF THE CITY OF PARIS.
At the Hôtel de ville.

Open every day from 10 to 3 o'clock. — 55,000 volumes.

LIBRARY OF THE CORPS LEGISLATIVE.

By orders to be obtained by writing to the Questeurs of the Chamber or the librarian. — 50,000 volumes.

AMUSEMENTS DIVERS.
THÉATRES, SPECTACLES, CONCERTS, BALS PUBLICS.

OPÉRA (THÉATRE IMPÉRIAL DE L').
Rue Lepelletier.
Opéras et ballets. — 1950 places.
Les lundis, mercredis et vendredis; quelquefois le dimanche.

THÉATRE FRANÇAIS.
Rue Richelieu.
Tragédies, comédies, drames.
Les comédiens sont sociétaires. — 1350 places.

THÉATRE ITALIEN.
Place Ventadour.
Opéras et drames italiens. — 1700 places.

OPÉRA-COMIQUE (THÉATRE IMPÉRIAL DE L').
Place Boïeldieu.
Opéras-comiques. — 1500 places.

ODÉON (THÉATRE IMPÉRIAL DE L')
Place de l'Odéon.
Tragédies, comédies, drames. — 1650 places.

THÉATRE LYRIQUE.
Boulevard du Temple, 72.
Opéras, drames lyriques et ballets.

CIRQUE (THÉATRE IMPÉRIAL DU)
Boulevard du Temple, 66.
Pièces militaires.

VAUDEVILLE.
Rue Vivienne, 29, place de la Bourse.
Comédies mêlées de chant, vaudevilles. — 1300 places.

GYMNASE DRAMATIQUE.
Boulevard Bonne-Nouvelle, 38.
Comédies, vaudevilles. — 1300 places.

VARIÉTÉS.
Boulevard Montmartre, 7.
Comédies mêlées de chant, vaudevilles. — 1240 places.

PALAIS-ROYAL (THÉATRE DU).
Péristyle Montpensier, 74, au Palais-Royal.
Comédies, vaudevilles. — 950 places.

PORTE-SAINT-MARTIN (THÉATRE DE LA).
Boulevard Saint-Martin, 16 et 18.
Drames, féeries, vaudevilles. — 1800 places.

GAITÉ (THÉATRE DE LA).
Boulevard du Temple, 58.
Drames, féeries, vaudevilles. — 1800 places.

AMBIGU-COMIQUE (THÉATRE DE L').
Boulevard Saint-Martin, 2.
Drames, féeries, vaudevilles. — 1900 places.

CIRQUE NAPOLÉON (CIRQUE D'HIVER).
Rue des Fossés-du-Temple, 6 et 8, et boulevard des Filles-du-Calvaire.

CIRQUE DE L'IMPÉRATRICE (CIRQUE D'ÉTÉ).
Petit carré Marigny, aux Champs-Élysées.

BOUFFES PARISIENS (THÉATRE DES).
Pendant l'hiver passage Choiseul et rue Monsigny, et pendant l'été aux Champs-Élysées.
Pièces lyriques, ballets, pantomimes. — 750 places.

FOLIES-DRAMATIQUES (THÉATRE DES).
Boulevard du Temple, 62.
Vaudevilles, comédies-vaudevilles, féeries. — 1200 places.

AMUSEMENTS.
THEATRES, CONCERTS AND PUBLIC BALLS.

OPÉRA.
Rue Lepelletier.
Operas et ballets. — 1950 places.
Open Monday, Wednesday and Friday; and sometimes on Sunday.

THÉATRE FRANÇAIS.
Rue Richelieu.
The legitimate drama.
The actors at this theatre are share holders. — 1350 places.

THÉATRE ITALIEN.
Place Ventadour.
Italian operas, and dramas. — 1700 places.

OPÉRA-COMIQUE.
Place Boïeldieu.
French operas. — 1500 places.

ODÉON.
Near the Luxembourg.
Tragedies, comedies and dramas. — 1650 places.

THÉATRE LYRIQUE.
Boulevard du Temple, 72.
Operas, lyrical dramas and ballets.

CIRQUE (THÉATRE IMPÉRIAL DU).
Boulevard du Temple, 66.
Military pieces and dramas.

VAUDEVILLE.
Rue Vivienne, 29, place de la Bourse.
Petits-comedies, farces, etc. — 1300 places.

GYMNASE.
Boulevard Bonne-Nouvelle, 38.
Comedies, dramas et vaudevilles. — 1300 places.

VARIÉTÉS.
Boulevard Montmartre, 7.
Petits-comedies with singing, vaudevilles and farces. — 1240 places.

PALAIS-ROYAL.
Péristyle Montpensier, 74.
Petits-comedies, vaudevilles and farces. — 950 places.

PORTE-SAINT-MARTIN.
Boulevard Saint-Martin, 16 et 18.
Dramas and spectacles. — 1800 places.

GAITÉ.
Boulevard du Temple, 58.
Dramas, spectacles, vaudevilles. — 1800 places.

AMBIGU-COMIQUE.
Boulevard Saint-Martin, 2.
Dramas, spectacles, vaudevilles. — 1900 places.

CIRQUE NAPOLÉON (WINTER CIRCUS).
Boulevard des Filles-du-Calvaire.

CIRQUE DE L'IMPÉRATRICE (SUMMER CIRCUS).
Champs-Élysées.

BOUFFES-PARISIENS.
The winter in passage Choiseul and rue Monsigny, in summer in the Champs-Elysées.
Lyrical pieces, ballets, and pantomimes. — 750 places.

FOLIES-DRAMATIQUES.
Boulevard du Temple, 62.
Vaudevilles, pantomimes, etc. — 1200 places.

THÉATRE BEAUMARCHAIS.
Boulevard Beaumarchais, 25.

Drames, vaudevilles. — 1250 places.

THÉATRE DU LUXEMBOURG.
Rue Madame, 39.

Drames-vaudevilles et comédies-vaudevilles.

THÉATRE SAINT-MARCEL.
Rue Pascal, 31.

École théâtrale.

SOIRÉES FANTASTIQUES DE ROBERT-HOUDIN
(HAMILTON, SUCCESSEUR).
Boulevard des Italiens, 8.

Tous les soirs à huit heures précises. — Physique et mécanique.

DÉLASSEMENTS COMIQUES (THÉATRE DES).
Boulevard du Temple, 52.

Comédies-vaudevilles, féeries.

FUNAMBULES (THÉATRE DES).
Boulevard du Temple, 54.

Vaudevilles et pantomimes.

PETIT LAZARI (THÉATRE DU).
Boulevard du Temple, 54.

FOLIES-NOUVELLES (THÉATRE DES).
Boulevard du Temple, 41.

Chants et pantomimes.

SÉRAPHIN (THÉATRE DE).
Galerie de Valois, au Palais-Royal, 121.

Ombres chinoises et marionnettes.

HIPPODROME.
Barrière de l'Étoile.

Pendant l'été, dimanche, mardi, jeudi et samedi, à trois heures.

DIORAMA HISTORIQUE.
Avenue des Champs-Élysées, 1.

JARDIN MABILLE.
Avenue Montaigne, 87, aux Champs-Élysées.

Grandes fêtes musicales et dansantes les mardis, jeudis, samedis et dimanches.

CHATEAU DES FLEURS.
Avenue des Champs-Élysées, 111.

Soirées dansantes les lundis, mercredis, vendredis et dimanches. Bals, concerts, les dimanches et fêtes.

PRÉ CATELAN.
Au Bois de Boulogne.

Entrée : 20 cent. par personne ; 1 fr. par voiture. — Promenade, musique, jeux de toute espèce, marionnettes, etc.

RANELAGH.
Au Bois de Boulogne, porte de Passy.

Bals. — Le dimanche 2 fr., le jeudi 3 fr.

SALLE VALENTINO.
Rue Saint-Honoré, 359.

Soirées dansantes et fêtes musicales tous les mardis, jeudis, samedis et dimanches.

SALLE SAINTE-CÉCILE.
Rue de la Chaussée-d'Antin, 49 bis.

Bals et concerts.

SALLE BARTHÉLEMY.
Rue du Château-d'Eau, 20.

Grande salle théâtrale, avec deux rangs de loges, foyer, salon et grand café. Bals et fêtes musicales les lundis, jeudis, samedis et dimanches.

THÉATRE BEAUMARCHAIS.
Boulevard Beaumarchais, 25.

Dramas, vaudevilles. — 1250 places.

THÉATRE DU LUXEMBOURG.
Rue Madame, 39, near the Luxembourg.

Dramas and vaudevilles.

THÉATRE SAINT-MARCEL.
Rue Pascal, 31.

Theatrical school.

HOUDIN'S ENTERTAINMENT
(BY HAMILTON).
Boulevard des Italiens, 8.

Every evening at 8 o'clock.

DÉLASSEMENTS COMIQUES.
Boulevard du Temple, 52.

Comediettas, vaudevilles and pantomimes.

FUNAMBULES.
Boulevard du Temple, 54.

Vaudevilles and pantomimes.

PETIT LAZARI (THÉATRE DU).
Boulevard du Temple, 54.

FOLIES-NOUVELLES.
Boulevard du Temple, 41.

Operettas and pantomimes.

SÉRAPHIN THEATRE.
Gallery de Valois, 121, in the Palais-Royal.

Marionnettes, magic lanterns.

HIPPODROME.
Outside the Barrière de l'Étoile.

Open Sunday, Tuesday, Thursday and Saturday, at 3 o'clock P. M.

DIORAMA.
Avenue des Champs-Élysées, 1.

JARDIN MABILLE.
Avenue Montaigne, Champs-Élysées.

Music and dancing, on Tuesday, Thursday, Saturday and Sunday evenings in summer : entrance, 2 and 3 fr. — Grand fêtes 5 fr.

CHATEAU DES FLEURS.
Avenue des Champs-Élysées, 111.

Dancing, etc., on Sunday, Monday, Wednesday and Friday evenings. — Price, same as Jardin Mabille.

PRÉ CATELAN.
In the Bois de Boulogne.

Day promenade and drive; entrance, 4 sous. Evening promenade; admission 1 franc. Music and other entertainments.

RANELAGH-GARDENS.
In the Bois de Boulogne.

Balls. — Sunday 2 francs, Thursday 3 francs.

VALENTINO (DANCING ROOMS).
Rue Saint-Honoré, 359.

Admission 2 and 3 fr. Ladies gratis. Open Sunday, Tuesday. Thursday and Saturday evenings.

SALLE SAINTE-CÉCILE.
Rue de la Chaussée-d'Antin, 49.

Balls on Sunday, Monday, Wednesday and Friday evenings. Admission 2, 3 and 5 francs. Ladies free.

SALLE BARTHÉLEMY (DANCING ROOMS).
Rue du Château-d'Eau, 20.

Fitted up as a theatre with saloons, café, etc. Balls and musical entertainments on Monday, Thursday, Saturday and Sunday evenings.

WAUXHALL.	VAUXHALL (DANCING ROOMS).

WAUXHALL.
Rue de la Douane, 24.

Bal pendant l'hiver les dimanches, lundis, mercredis, vendredis et jours de fête.

VAUXHALL (DANCING ROOMS).
Rue de la Douane, 24, faubourg du Temple.

Open on Sunday, Monday, Wednesday and Friday evenings and on fêtes days.

CLOSERIE DES LILAS.
Jardin Bullier, carrefour de l'Observatoire, 9, issue du Luxembourg.

Bals, d'avril en septembre, les dimanches, lundis et jeudis.

CLOSERIE DES LILAS.
Near the Observatory.

Balls from April to September on Sunday, Monday and Thursday.

CHATEAU ROUGE.
Chaussée de Clignancourt, hors la barrière.

Bals, promenades, feux d'artifice et café. — Les dimanches, lundis, jeudis et samedis.

CHATEAU ROUGE.
Chaussée de Clignancourt, outside the barrier.

Dancing, Promenade and coffee, fire works, etc., Sunday, Monday, Thursday and Saturday evenings.

GRANDE CHAUMIÈRE.
Boulevard Mont-Parnasse, 90.

Du 15 avril au 15 septembre, bals les lundis, jeudis et dimanches.

GRANDE CHAUMIÈRE.
Boulevard Mont-Parnasse, 90.

Balls from April to September on Sunday, Monday and Thursday.

TIVOLI D'HIVER.
Rue de Grenelle Saint-Honoré, 35.

TIVOLI (WINTER). DANCING ROOMS.
Rue de Grenelle Saint-Honoré, 35.

PRADO.
Place du Palais de Justice, 4.

Bals les dimanches, lundis, jeudis et fêtes, du 15 septembre au 15 avril.

PRADO.
Place du Palais de Justice, 4.

Dancing on Sunday, Tuesday and Thursday evenings from September to April.

JARDIN D'HIVER.
Avenue des Champs-Élysées.

Bals et concerts.

JARDIN D'HIVER.
Champs-Élysées.

Bals and concerts frequently, at various prices.

TABLEAU SYNOPTIQUE

DU PRIX DES PLACES PRISES AU BUREAU

DANS LES THÉATRES DE PARIS.

TABLE

OF THE PRICES OF PLACES IN THE VARIOUS PARTS OF ALL THE CHIEF THEATRES IN PARIS.

Note. When places are booked the price is half a franc or a franc higher.

PRIX DES PLACES AU BUREAU DANS LES THÉATRES de Paris.	1	2	3	4	5	6	7	8	9	10	11	12	13	14	15	16	17	18	19	20	21	22	23	24	25
OPÉRA	10	12	12	10	8	.	8	.	8	8	7	.	.	.	6	4	4	2 50	.	.	.	2 50	.	2 50	4
FRANÇAIS	8	.	8 00	.	6	.	6	.	8 00	.	.	6 00	.	.	3 50	.	4	.	4	.	1 50	.	.	1	2 50
OPÉRA-COMIQUE	7	.	7	.	6	5	6	6	.	.	6	6 50	6	.	3	1 50	.	5	.	.	4	.	.	1	2 50
THÉATRE ITALIEN	.	.	.	10	10	10	.	.	.	10	10	.	.	9	8	6	3 50	.	2	1 50	.	4	.	.	4
THÉATRE LYRIQUE	6	8	5	.	8	4 50	3 50	.	.	4	4	4	.	3 50	.	.	2	1 50	.	.	.	.	75	1 50
ODÉON	5	5	5	.	2 50	4	2 50	.	3	.	5	.	5	3 50	.	.	2 50	1 50	.	.	.	.	.	1 50
VAUDEVILLE	6	6	5	.	5	5	4	4	.	5	5	5	5	.	1 50	2	1 50	.	3	.	.	.	2
VARIÉTÉS	5	3	4	.	4	5	5	.	.	3	.	5	3	2 50	2	.	4	2	.	75	.	2 50	1 25	2
GYMNASE	5	6	6	2 50	5	4	.	.	6	3	.	5	5	.	.	1 25	.	4	.	.	.	.	2
PALAIS-ROYAL	5	5	5	.	.	5	4	.	5	.	5	5	.	2 50	2	.	.	.	.	.	2 50	.	1 50
PORTE-S.-MARTIN	5	5	5	.	2 50	4	5	.	4	5	4	4	2 50	1 50	.	.	2 50	1	50	.	1 50	50	1 50
GAITÉ	5	5	.	.	2 50	5	4	.	.	.	4	2 50	.	.	.	1 50	1 25	.	3	.	1
AMBIGU	6	6	.	.	2 50	6	2 50	3	.	6	.	4	4	2 50	.	.	1 50	.	1 50	2 50	.	1 25
CIRQUE	5	5	.	.	3	4	2 50	.	.	5	.	3	2 50	.	.	1 50	1	.	3	75	1
FOLIES-DRAMAT.	2 75	2 75	.	.	2	2 25	.	.	2 50	.	1 50	1 25	.	.	.	75	50	.	.	.	75
FOLIES-NOUVELLES	3 50	3 50	.	.	.	.	.	3	.	.	3	3	1 50	.	1	.	1	.	.	.	75
BOUFFES	5	.	.	2	5	.	.	.	6	4	4	4	2 50	.	.	2	.	.	1 50

Note. THE FOLLOWING EXPLANATION OF THE VARIOUS PLACES IN THE THEATRES MAY BE FOUND USEFUL TO STRANGERS.

1 Stage boxes level with the pit.
2 Stage boxes in the dress circle tier.
3 Boxes in dress circle.
4 Stalls at the back of the pit.
5 Orchestre stalls.
6 Boxes in the centre of the dress circle.
7 Boxes at the back of tier pit.
8 Boxes at the side of the pit.
9 Boxes in the balcony of the dress circle.

10 Stage boxes of the first tier over the dress circle.
11 Side boxes, first circle.
12 Orchestre stalls.
13 Balcony stalls.
14 Back balcony stalls.
15 Front boxes, second tier.
16 Side boxes, second tier.
17 Front boxes, third tier.

18 Side boxes, third tier.
19 Back of the balcony.
20 Gallery.
21 Upper gallery.
22 Boxes on 4th tier or gallery.
23 Raised seats at the sides of the pit.
24 Gallery.
25 Pit.

Ladies are not admitted to the orchestre or pit stalls, or to the pit, in any of the superior theatres. Full dress is not required in any part of the house. There is no half price at the theatres in Paris.

VOITURES.

MESSAGERIES IMPÉRIALES.
Rue Notre-Dame des Victoires, 28.

MESSAGERIES GÉNÉRALES DE FRANCE
(CAILLARD ET COMP.).
Rue Saint-Honoré, 130, *rue de Grenelle*, 18, *et rue du Bouloi*, 22 et 24.

MESSAGERIES JUMELLES.
Rue du Bouloi, 7 et 9.

Ces trois entreprises ont des services pour tous les départements et pour l'étranger, soit directement, soit par voie de fer.

En outre, il existe à Paris diverses entreprises de voitures qui desservent les environs.

Nous allons indiquer les principales :

MESSAGERIES MAUCOMBLE.
HÔTEL DU LION D'ARGENT.
Rue du Faubourg Saint-Denis, 47.

Pour Dammartin, par Mesnil-Amelot, Boissy et Juilly, à 7 heures et demie le matin, et 4 heures le soir.
Pour Crespy, par Nanteuil-le-Haudouin, à 8 h⁴ et demie du matin.
Pour Luzarches, par Mesnil, Aubry, à 4 heures du soir.
Pour Senlis, 4 heures du soir.
Pour Villiers-le-Bel, par Sarcelles et Écouen, 6 départs par jour.

MESSAGERIES DE L'HOTEL DU PLAT D'ÉTAIN.
Carré Saint-Martin, 326.

Pour Beauvais, Formerie, Songeons, Gaillefontaine, Granville, Aumale, Neufchâtel, Crèvecœur, Sainte-Geneviève, Noailles. — A 10 heures du soir.
Pour Beaumont, Louviers, Chambly, Neuilly-en-Thel, Méru. — A 4 heures et demie du soir.

PETITES DILIGENCES DE CRETEIL.

Par Maisons, Alfort et Charenton. — 19 départs par jour, du Plat d'étain, de la barrière de Charenton et de la Bastille.

MESSAGERIES DE L'HOTEL DU PETIT SAINT-MARTIN.
Rue Saint-Martin, 295.

Omnibus pour tous les trains de Strasbourg et d'Orléans.

MESSAGERIES LES COLOMBES.
Place Dauphine, 5, et *barrière de Fontainebleau*.

De Paris à Choisy-le-Roi et Vitry, et retour. — 8 départs par jour en hiver et 15 en été.

LES BOULONNAISES.
Rue du Bouloi, 9.

De Paris à Saint-Cloud, par Boulogne et Auteuil.

LES GONDOLES PARISIENNES.
Rue du Bouloi, 24, et *rue de Grenelle*, 45.

Service de Paris à Versailles, par Sèvres.
Départs toutes les demi-heures.

ENTREPRISE RABOURDIN.
Passage Dauphine, 16.

Pour Sceaux et Bourg-la-Reine. — Départs toutes les heures.
Pour Montrouge, Arcueil, Bagneux et toutes les routes d'Orléans.
Pour Lonjumeau, Antony, Berny et Vuissons. 6, 8 départs par jour.
Pour Orsay, Palaiseau, Massy. — A 4 heures 1/2 du soir.

LES MONTROUGIENNES.
Rue de Grenelle Saint-Honoré, 45.

Pour Montrouge, Châtillon, Fontenay-aux-Roses, Bagneux et le chemin de fer de Sceaux.

VOITURES THOMAS.
Rue Saint-Martin, 300.

Pour Aubervilliers et les Vertus.

BATEAUX A VAPEUR.
Quai d'Orsay.

De Paris à Saint-Cloud.

DILIGENCES AND OMNIBUSES.

There are three establishments in Paris where the visitor may obtain conveyance to almost any place, either by coach direct or by omnibus in connection with the railways; these are : —

THE MESSAGERIES IMPÉRIALES.
Rue Notre-Dame des Victoires, 28.

THE MESSAGERIES GÉNÉRALES DE FRANCE
(CAILLARD AND COMP.).
Rue Saint-Honoré, 130, *rue de Grenelle*, 18, *and rue du Bouloi*, 22 et 24.

THE MESSAGERIES JUMELLES.
Rue du Bouloi, 7 et 9.

There are also many other conveyances of which we shall give the principal.

MESSAGERIES MAUCOMBLE.
HÔTEL DU LION D'ARGENT.
Rue du Faubourg Saint-Denis, 47.

Conveyance to *Dammartin* by Mesnil-Amelot, Boissy et Juilly, 7 1/2 a.m. and 4 p.m.
To *Crespy* par Nanteuil-le-Handouin, 8 1/2 a.m.
To *Luzarches* par Mesnil, Aubry, 4 p.m.
To *Senlis*, 4 p.m.
To *Villiers-le-Bel*, par Sarcelles and Ecouen 6 times a day.

MESSAGERIES OF THE HOTEL DU PLAT D'ÉTAIN.
Carré Saint-Martin, 326.

To Beauvais, Formerie, Songeons, Gaillefontaine, Granville, Aumale, Neufchâtel, Crèvecœur, Sainte-Geneviève, Noailles; at 10 p.m.
To Beaumont, Louviers, Chambly, Neuilly-en-Thel, Meru. — at 4 1/2 p.m.

DILIGENCES TO CRETEIL.

Through Maisons, Alfort and Charenton. — 19 departures a day from the hotel Plat d'Étain, the barrier of Charenton and the Bastille.

MESSAGERIES OF THE HOTEL DU PETIT SAINT-MARTIN.
Rue Saint-Martin, 295.

Omnibuses for all the trains on the Strasbourg and Orleans lines.

MESSAGERIES LES COLOMBES.
Place Dauphine, 5, *and barrier of Fontainebleau*.

Omnibuses from Paris to Choisy-le-Roi and Vitry. — 8 times a day in winter and 15 in summer.

LES BOULONNAISES.
Rue du Bouloi, 9.

Omnibuses to Saint-Cloud, by Boulogne-near-Paris et Auteuil.

LES GONDOLES.
Rue du Bouloi, 24, *and rue de Grenelle*, 45.

Omnibuses from Paris to Versailles through Sèvres.
Every half hour.

ENTREPRISE RABOURDIN.
Passage Dauphine, 16.

For Sceaux and Bourg-la-Reine, every hour.
For Montrouge, Arcueil, Bagneux; etc.
For Lonjumeau, Antony, Berny and Vuissons, 6 or 8 times a day.
For Orsay, Palaiseau, Massy at 4 1/2 p.m.

MONTROUGIENNES.
Rue de Grenelle Saint-Honoré, 45.

For Montrouge, Châtillon, Fontenay-aux-Roses, Bagneux, and the Sceaux railway.

VOITURES THOMAS, (SMALL OMNIBUSES).
Rue Saint-Martin, 300.

For Aubervillers and les Vertus.

STEAM BOATS.
Quai d'Orsay.

From Paris to Meudon and Saint-Cloud.

TARIF DES VOITURES PUBLIQUES.

A L'INTÉRIEUR DE PARIS.

VOITURES DE PLACE.	De 6 heures du matin à minuit.		De minuit à 6 heures du matin.	
	A LA COURSE.	A L'HEURE.	A LA COURSE.	A L'HEURE.
	fr. c.	fr. c.	fr. c.	fr. c.
Grands fiacres à 2 chevaux.	1 50	2 »	2 »	3 »
Coupés et petits fiacres à 4 pl., à 1 ou 2 chevaux.	1 25	1 75	1 75	2 50
Cabriolets à 2 ou 4 roues, fermés ou non fermés.	1 10	1 50	1 75	2 50
VOITURES DE REMISE.				
Voitures à quatre roues.	1 75	2 »	3 »	3 »
Voitures à deux roues.	1 30	1 75	2 50	2 50

A L'EXTÉRIEUR DE PARIS.

EN DEDANS DU MUR D'ENCEINTE DES FORTIFICATIONS et jusqu'à la porte Maillot par l'avenue de Neuilly.		EN DEHORS DU MUR D'ENCEINTE DES FORTIFICATIONS et à l'intérieur du bois de Boulogne.	

VOITURES DE PLACE.

	A L'HEURE.		A L'HEURE.
	fr. c.		fr. c.
Grands fiacres à 2 chevaux. .	2 »	Grands fiacres à 2 chevaux. . .	3 »
Coupés et petits fiacres à 1 che- val ou à 2 chevaux	1 75	Coupés et petits fiacres à 1 che- val ou à 2 chevaux	2 »
Cabriolets à 2 ou à 4 roues, fer- més ou non fermés.	1 50	Cabriolets à 2 ou à 4 roues, fer- més ou non fermés. . . .	2 »

EN DEÇA DE L'ENCEINTE DES FORTIFICATIONS et dans le bois de Boulogne.		AU DELA DE L'ENCEINTE DES FORTIFICATIONS sauf le bois de Boulogne.	

VOITURES DE REMISE.

	A L'HEURE.		A L'HEURE.
	fr. c.		fr. c.
Voitures à 4 roues.	2 50	Voitures à 4 roues.	3 50
Voitures à 2 roues.	2 »	Voitures à 2 roues.	2 50

Les cochers sont tenus de conduire à la course, et sans augmentation de prix, aux cimetières de l'Est, du Nord et du Sud ; à l'embarcadère du chemin de fer de Sceaux ; à la station établie à Passy, rue Delessert, et sur toute la ligne des boulevards extérieurs.

EXTRAIT DE L'ORDONNANCE DE POLICE

du 1er avril 1853 concernant les Voitures dites de Remise et du 15 septembre 1850 concernant les Voitures publiques.

Tout acte de grossièreté ou d'impolitesse envers le public est formellement interdit. — Il est défendu aux cochers de fumer lorsqu'il y aura des voyageurs dans leurs voitures.

Il est enjoint à tout cocher d'offrir à la personne qui vient de monter dans sa voiture une carte indicative du numéro et des tarifs. — La remise des cartes devra avoir lieu avant le départ de la voiture.

Les cochers sont obligés d'admettre dans leurs voitures, savoir : dans les Cabriolets, à deux ou à quatre roues, deux personnes; dans les voitures dites Grands fiacres, attelées de deux chevaux, cinq personnes; dans celles dites Petits fiacres, et quelle que soit leur forme, attelées d'un ou deux chevaux, cinq personnes; dans les Coupés, attelés d'un ou deux chevaux, trois personnes; — deux enfants de dix ans au plus peuvent toujours remplacer une personne.

Les voitures doivent être habituellement conduites au trot.

Les cochers transporteront, sans augmentation des tarifs ci-dessus fixés, les paquets et bagages des voyageurs, toutes les fois que le volume et la nature de ces objets permettront de les placer dans l'intérieur des voitures (pour les voitures de remise), et sur l'impériale pour les voitures publiques.

Après chaque course, et avant que les voyageurs se soient éloignés, les cochers visiteront leurs voitures et remettront sur-le-champ aux personnes qu'ils auront conduites les objets qu'elles y auraient laissés. Si ces personnes ont été conduites aux théâtres ou autres lieux de réunion publique, la visite ci-dessus prescrite sera effectuée avant que d'autres voyageurs aient été admis dans les voitures. — Lorsque les objets trouvés n'auront pu être remis directement aux personnes qui les auront oubliés, ils devront être déposés, dans les vingt-quatre heures, à la préfecture de police.

Les cochers n'admettront personne sur leur siège sans l'agrément des voyageurs. — Ils ne laisseront monter qui que ce soit sur l'impériale. — Ils ne seront pas tenus de recevoir dans leurs voitures des voyageurs en état d'ivresse.

Si un cocher pris dans un lieu de remisage pour aller chercher quelqu'un à domicile ou dans un lieu public, est renvoyé sans être employé, il recevra, à titre d'indemnité de déplacement, le prix d'une demi-course, calculée d'après le Tarif.

Si le cocher, pris pour marcher à la course, est obligé d'attendre le voyageur plus de dix minutes, il sera censé avoir été pris à l'heure.

FARES OF PUBLIC CARRIAGES.

WITHIN THE BARRIERS OF PARIS.

COMMON CARRIAGES THAT STAND IN THE STREETS.	From 6 A. M. to midnight.		From midnight to 6 A. M.	
	SINGLE DRIVE WITHOUT STOPPING, ANY DISTANCE.	BY THE HOUR.	SINGLE DRIVE WITHOUT STOPPING, ANY DISTANCE.	BY THE HOUR.
	fr. c.	fr. c.	fr. c.	fr. c.
Large carriages with two horses	1 50	2 »	2 »	3 »
Other carriages with places for 4 persons . .	1 25	1 75	1 75	2 50
Carriages holding 2 persons only	1 10	1 50	1 75	2 50
CARRIAGES WHICH STAND IN STABLE YARDS AND SHEDS.				
With 4 wheels	1 75	2 »	3 »	3 »
With 2 do	1 50	1 75	2 50	2 50

OUTSIDE THE BARRIERS.

WITHIN THE FORTIFICATIONS and as far as the Porte Maillot in the Avenue de Neuilly.		OUTSIDE THE FORTIFICATIONS and within the Bois de Boulogne.	

COMMON CARRIAGES.

	THE HOUR.		THE HOUR.
	fr. c.		fr. c.
Large carriages with 2 horses. .	2 »	Large carriages with 2 horses. .	3 »
Small carriages for 4 persons . .	1 75	Small carriages for 4 persons. .	2 »
Carriage holding 2 persons only .	1 50	Carriage holding 2 persons only.	2 »

WITHIN THE FORTIFICATIONS or in the Bois de Boulogne.		BEYOND THE FORTIFICATIONS except the Bois de Boulogne.	

CARRIAGES FROM STABLES, ETC.

	THE HOUR.		THE HOUR.
	fr. c.		fr. c.
Carriage with 4 wheels.	2 50	Carriage with 4 wheels. . . .	3 50
Do 2 do	2 »	Do 2 do	2 50

Coachmen are compelled by law to charge as for a (course) single drive only, to the cemeteries, to the station of the Sceaux railway, to the station at Passy rue Delessert, and to all the outer boulevards. The fares are printed and fixed inside every carriage. Superior carriages can be obtained at the hotels, but the prices are not fixed.

EXTRACT FROM THE POLICE REGULATIONS.

Every act of rudeness and incivility is strictly forbidden. Coachmen are not to smoke when they have any one in their vehicles.

Every coachman is bound to give his customers a card bearing his number, and the rates of his fares. This ticket should be given to the person riding before the journey is commenced.

Coachmen are compelled to admit the following number of passengers for one fare; namely : in " cabriolets " with two or four wheels, two persons; in carriages called " grands fiacres ", drawn by two horses, five persons; in those called " petits fiacres ", drawn by one or two horses, five persons; in " coupés, " drawn by one or two horses, three persons; two children under ten years of age can by law be counted only as one person.

The horses should always be driven on the trot.

Coachmen are compelled to carry passengers baggage , of whatever kind , without any extra charge whatever beyond the rates set down in the above table of fares , if the articles can be placed in the inside of the carriage , or on the top of the common carriages.

After each journey, and before the travellers have gone away from the vehicle, the coachmen are, by law, bound to examine the carriage and if they find anything left behind to give it to the passengers immediately. If however the fare has been set down at a Theatre or other place of public entertainment, where the coachman cannot stop to make the examination, he is bound to do so before he takes up another fare. When anything left behind cannot be immediately restored to the person to whom it belongs the coachman is bound to leave it within four and twenty hours at the office of the prefecture of police.

The coachman has no right to let any one ride on the box with him without his passengers consent. — He must not let any one soever get on the top of the vehicle. — He is not bound to take any drunken person into his coach.

If a coachman is called out of his way, to take up a fare either at a house or in the public streets, and then not employed, he can claim half the price of a course according to the tariff.

If the carriage is kept waiting more than ten minutes, the coachman can demand to be paid by the hour instead of by the course.

Lorsqu'un cocher ayant sa voiture libre sera rencontré sur un point quelconque de la voie publique par des personnes qui voudront faire usage de cette voiture, il devra marcher à leur réquisition, et au prix des tarifs.

Il est enjoint aux cochers de demander aux personnes qui montent dans leurs voitures si elles veulent être conduites à l'heure ou à la course.

Les personnes qui auront pris une voiture à l'heure auront le droit d'indiquer au cocher l'itinéraire qu'il devra suivre. — En cas de non-indication, ou si le cocher est pris pour marcher à la course, il devra suivre le chemin le plus court ou le plus facile.

Le cocher qui, dans sa course, sera détourné de son chemin par la volonté de la personne qui l'emploiera, aura droit au prix de l'heure. — Celui pris à la course, et qui, sans être détourné de son chemin, sera requis de déposer en route une ou plusieurs des personnes qui se trouveront dans sa voiture, n'aura droit qu'au prix de la course.

Tout cocher pris avant minuit, qui arrivera à sa destination après minuit, n'aura droit qu'au prix fixé pour le jour. — Celui qui aura été pris avant six heures du matin, et qui n'arrivera à sa destination qu'après six heures, aura droit au prix fixé pour la nuit.

Les cochers devront se faire payer d'avance lorsqu'ils conduiront aux théâtres, spectacles, bals, concerts et autres lieux de réunion et de divertissements publics. Ils sont autorisés à se faire payer immédiatement, si les personnes conduites descendent à l'entrée d'un jardin public ou de tout autre lieu où il est notoire qu'il existe plusieurs issues.

Lorsque le voyageur, sorti de Paris, renverra la voiture après être arrivé à sa destination, le retour sera payé au cocher en raison du temps qu'il aura mis pour se rendre de la station au lieu où la voiture aura été quittée (pour les voitures dites de remise), et le temps qu'il aura mis pour se rendre de la barrière au lieu où la voiture aura été abandonnée (pour les voitures publiques).

Lorsque le voyageur qui aura dépassé l'enceinte des fortifications reviendra sur Paris avec la voiture, le cocher aura droit à un temps de repos qui ne pourra dépasser vingt minutes. — Le prix de ce temps sera payé par le voyageur.

Les cochers pris pour sortir de Paris seront tenus de faire marcher leurs chevaux à raison de huit kilomètres à l'heure.

Le prix de la première heure, à l'intérieur comme à l'extérieur de Paris, sera toujours dû intégralement, lors même que le cocher n'aura pas été employé pendant l'heure entière. — A compter de la deuxième heure inclusivement, le prix à payer sera calculé suivant l'espace de temps pendant lequel la voiture aura été occupée. — Dans aucun cas, les cochers ne pourront exiger de pourboire.

CHEMINS DE FER.

Un vaste réseau de chemins de fer couvre la France et la relie à tous les États limitrophes. Chaque jour de nouvelles lignes et de nouveaux embranchements sont concédés par le Gouvernement.

Nous donnerons donc simplement ici les adresses des gares des diverses voies ferrées qui partent de Paris, et nous renverrons le lecteur aux nombreuses publications quotidiennes et hebdomadaires qu'on trouve partout.

En effet, les changements fréquents qui s'opèrent sur chaque ligne dans les tarifs des places et des bagages, et surtout dans les heures de départ, ne permettent point au *Panorama de Paris*, publication stable, d'admettre des renseignements qui, exacts aujourd'hui, ne le seraient plus un mois après.

CHEMIN DE FER DU NORD.
Place Roubaix, 24.

CHEMIN DE FER DE L'EST.
Place de Strasbourg.

CHEMIN DE FER DE PARIS A LYON.
Boulevard Mazas, 20.

CHEMIN DE FER DE L'OUEST.
SAINT-CLOUD, VERSAILLES, SAINT-GERMAIN, AUTEUIL.
Rue Saint-Lazare, 124.

CHEMIN DE FER DE PARIS A ORLÉANS.
Boulevard de l'Hôpital, 7.

CHEMIN DE FER DE PARIS A SCEAUX ET A ORSAY.
Barrière d'Enfer.

CHEMIN DE FER DE VERSAILLES
(RIVE GAUCHE).
Boulevard Mont-Parnasse.

CHEMIN DE FER DE PARIS A SAINT-CLOUD.
SYSTÈME LOUBAT (TRACTION PAR DES CHEVAUX).
Place de la Concorde

Wherever a carriage may be found unoccupied on the public road, the coachman is bound to take up any person who may call him, at the fares fixed by the tariff for his vehicle.

The coachman should ask his customer whether he wishes to engage the vehicle by the hour or by the course.

When a vehicle is taken by the hour the coachman must take whatever road he is told. When taken by the course, or when no instructions are given, he is bound to take the shortest or the most convenient.

If any person, having taken a common vehicle and takes it beyond Paris and there quits his route he will have to pay by the hour instead. The coachman however is bound to allow any of his passenger to alight during a course, and without turning out of his road, without extra charge.

If the carriage is engaged before midnight and occupied till beyond that hour, the coachman can only charge the day fare. — The same rule applies to the taking a vehicle before six A. M.

When a passenger is taken to a theatre or to any other place of public entertainment the coachman should ask for his fare before hand, and he has also a right to ask for payment if his passengers alight at any public garden or other place having more them one outlet.

When a person engages a common vehicle and takes it beyond Paris and there quits it, he is bound to pay for the time it will take the coachman to drive back to the nearest barrier; or, in the case of a *voiture de remise*, he must pay the return fare to the place where the carriage belongs.

When a person takes a vehicle beyond the fortifications, and wishes to return into the city the coachman can demand a rest of 20 minutes, and this time must be paid for by the passenger.

The fixed rate of driving outside of Paris is 8 kilometres per hour (a *kilomètre* is 1053 yards).

The first hour must always be paid in full for however short a time the vehicle is occupied, after the first hour the charge is by the quarter hour at the same rate.

Coachmen cannot demand any gratuity (but the universal practice is to give them 2 or 3 sous per course or per hour).

Nota. These regulations apply not only to Paris but also to the whole of the department of the Seine, as well as that of Meudon, Saint-Cloud and Enghien-les-Bains (Seine-et-Oise).

RAILWAYS.

France is supplied with a vast number of railways, and additions are being made continually.

The lines are in direct communication with those of Belgium and other adjoining countries.

Here we can only give the addresses of the stations of the several railways terminating in Paris, and refer our readers to the various daily and other publications which give the times of starting of the trains.

The frequent changes which are made in the fares and in the charges for goods, as well as in the times of the trains, render it impossible to give detailed information on these points in an annual publication like the *Panorama de Paris*.

NORTHERN RAILWAY.
Place Roubaix, 24, *boulevard Saint-Denis.*

EASTERN RAILWAY.
End of boulevard de Strasbourg.

PARIS AND LYONS RAILWAY.
Boulevard Mazas, 20.

WESTERN RAILWAY.
SAINT-CLOUD ET VERSAILLES RAILWAY, SAINT-GERMAINS RAILWAY, AUTEUIL RAILWAY.
Rue Saint-Lazare, 124, *behind the Madeleine.*

ORLEANS RAILWAY.
Boulevard de l'Hôpital, 7.

PARIS TO SCEAUX AND ORSAY.
Barrière d'Enfer.

VERSAILLES AND RAMBOUILLET RAILWAY.
(LEFT BANK OF THE SEINE).
Boulevard Mont-Parnasse, near the barrier du Maine.

HORSE RAILWAY TO SAINT-CLOUD.
From the place de la Concorde.

OMNIBUS.

Un service général de voitures publiques dites *omnibus* dessert la ville de Paris. Il existe vingt-cinq lignes d'omnibus, désignées chacune par une des 25 lettres de l'alphabet. (*Voir* le tableau ci-après).

Le prix des places est fixé à 30 cent. par personne pour chaque place d'intérieur, et à 15 c. pour chaque place des banquettes de l'extérieur.

Les enfants au-dessus de quatre ans payent place entière; au-dessous de cet âge ils doivent être tenus sur les genoux.

L'entrée des voitures est interdite à tout individu en état d'ivresse, ou vêtu d'une manière nuisible ou incommode pour les autres voyageurs, à tout individu porteur de paquets qui, par leur volume ou leur odeur peuvent salir, gêner ou incommoder les voyageurs.

La plus grande politesse est recommandée aux conducteurs. Tout voyageur ayant quelque plainte à faire doit la déposer au premier bureau où s'arrête la voiture.

Pour monter en voiture on doit faire signe au cocher ou au conducteur d'arrêter, et, pour descendre on doit prévenir le conducteur, et ne descendre que lorsque la voiture est complètement arrêtée. L'administration n'est pas responsable des accidents qui peuvent arriver aux voyageurs qui descendent sans faire arrêter la voiture.

Une correspondance existe entre les 25 lignes d'omnibus. Tout voyageur qui veut en profiter doit :

1° En payant sa place, réclamer au conducteur un bulletin de correspondance.

2° En descendant de voiture, entrer immédiatement dans le bureau de station, et réclamer au contrôleur un cachet-numéro d'ordre ;

3° A l'appel de son numéro d'ordre se présenter et monter dans la seconde voiture.

La correspondance n'est garantie qu'autant qu'il y a place dans les voitures correspondantes.

OMNIBUSES.

There are 25 lines of omnibuses established in Paris (*see table below*) and each line is distinguished by a certain letter, and at night by colored lamps also. The fare is 3 sous outside and 6 sous inside.

Children above 4 years of age are charged full price, but if younger than that and held on the knee they ride free.

All drunken persons are excluded from entering the omnibuses, as well as those who would otherwise incommode the passengers. Large, dirty or disagreeable parcels are also excluded.

The conductors are bound to be polite to their passengers, and any breach in this respect should be complained of at the first office at which the omnibus stops.

The coachman and conductor are bound by law to keep the vehicle quite still when passengers are entering or quitting it. If any one descends from an omnibus while it is in motion he does so at his own risk. (It is the practice however of nearly all Frenchmen to get in and out while the omnibus is in motion.)

All the lines of omnibuses are in correspondence, and persons may continue their ride in a second line of vehicles for one and the same fare by attending to the following rules :

1st. On taking a seat in an omnibus the practice is to pay the conductor the fare, and at the same time to ask for « a bulletin de correspondence » for the place required.

2nd. The conductor will inform you where to descend; you then enter the office and demand a new ticket, exhibiting your bulletin.

3dr. When the omnibus for which you wait has arrived, the ticket holders are called in the order of the numbers on their tickets, and each person must immediately take his place or he loses his right to the correspondence. This right depends at all times upon the chance of places being vacant in the omnibus.

TABLE DES VINGT-CINQ LIGNES D'OMNIBUS
AVEC LEUR LETTRE DISTINCTIVE ET LEUR DESTINATION.

TABLE OF THE TWENTY-FIVE LINES OF OMNIBUSES
WITH THEIR DISTINCTIVE LETTERS, AND DESTINATIONS.

LETTRES.	DÉSIGNATION DES LIGNES.	LETTRES.	DÉSIGNATION DES LIGNES.
A	De Passy au Palais-Royal.	M	De Belleville à la barrière de l'Étoile (par les boulevards extérieurs.)
B	De Chaillot au chemin de fer de l'Est.	N	De Belleville à la place des Victoires.
C	Du pont de Neuilly au Louvre.	O	De la barrière Mont-Parnasse à la barrière Ménilmontant.
D	De la barrière du Roule au boulevard des Filles-du-Calvaire.	P	Du Père-Lachaise à la Bastille.
E	De la Bastille à la Madeleine (boulevards intérieurs.)	Q	De la barrière du Trône au Palais-Royal.
F	De Batignolles-Monceaux à la place de la Bastille.	R	De la barrière de Charenton au faubourg Saint-Honoré.
G	De Batignolles-Clichy au Louvre.	S	De Berry au Louvre.
H	De la barrière Blanche à l'Odéon.	T	De la place Cadet à la barrière de la gare d'Ivry.
I	De la barrière des Martyrs au Panthéon.	U	De la barrière Poutoinebleau à Notre-Dame-de-Lorette.
J	De la barrière Saint-Jacques à la barrière Rochechouart.	V	De la barrière du Maine au chemin de fer du Nord.
K	De la Chapelle-Saint-Denis à la barrière d'Enfer.	X	De Vaugirard à la place du Havre.
L	De la Villette à la place Saint-Sulpice.	Y	De Grenelle à la Porte-Saint-Martin.
		Z	De la barrière de l'École militaire à la Bastille.

POSTE AUX LETTRES.

Administration générale, 9, rue Jean-Jacques-Rousseau.

Toutes les lettres peuvent être déposées dans les boîtes qui se trouvent en grande quantité dans à peu près toutes les rues de Paris.

L'heure précise de la levée et de la distribution est indiquée par un indicateur placé sur chaque boîte aux lettres.

L'affranchissement s'opère par l'apposition d'un timbre-poste qu'on peut se procurer chez tous les boîtiers et les débitants de tabac.

Indépendamment des bureaux placés dans l'hôtel des Postes, il existe encore dans Paris 32 bureaux d'arrondissement où le public peut affranchir et charger les lettres pour les départements et l'étranger, et déposer et recevoir des articles d'argent.

Ces bureaux sont ouverts tous les jours depuis huit heures du matin jusqu'à huit heures du soir, et les dimanches et fêtes jusqu'à cinq heures seulement.

Les lettres qui y sont affranchies jusqu'à cinq heures pour l'étranger et les départements partent le jour même.

La Belgique et l'Angleterre jouissent aussi d'un service supplémentaire dont le départ a lieu de Paris, savoir : pour la Belgique à six heures trente minutes du matin, et pour l'Angleterre à une heure du soir. — Ces deux États font également chacun, en retour, une expédition supplémentaire dont l'arrivée a lieu, à Paris, à six heures du soir pour la Belgique, et à onze heures du matin pour l'Angleterre.

POST-OFFICE.

Chief-office, rue Jean-Jacques-Rousseau, 9, rue Montmartre.

All letters may be deposited in the boxes which are established at shops in nearly every street in Paris.

The time for the reception and distribution of letters is indicated on each box. Payment is made by stamps which can be obtained at all the post offices and cigar shops. When there is any doubt about the amount of postage it is best to take the letter to one of the branch post offices. — To these offices also all letters to be registered, for which a small fee is charged, and all letters containing articles of value must be taken.

The branch offices are open from 8 A. M. to 8 P. M. except on sundays and fête days when they close at 5 P. M.

Letters intended for the provinces and foreign parts may be posted till 5 at the ordinary post offices, till 6 at the branch offices and at the chief-office, and for England till 7 P. M. at the office of the Northern railway station.

There is an extra mail made up for England which leaves Paris at 1 o'clock P. M. for which letters must be posted before 12 o'clock. The return extra mail from England is due in Paris at 11 A. M. and the regular evening mail at 1 P. M.

There is also an extra mail to Belgium which leaves Paris at 6.30 A. M. — The return mail being due in Paris at 6 P. M.

SITUATION DES BUREAUX D'ARRONDISSEMENT. — ADDRESSES OF THE BRANCH POST-OFFICES.

Bureaux A. — Rue Tirechappe, 1,
    Rue Saint-Louis, 29, — Et à l'Hôtel de ville.
Bureaux B. — Boulevard Beaumarchais, 95,
    Rue du Faubourg-Saint-Antoine, 174.
Bureaux C. — Rue des Vieilles-Audriettes, 4,
    Rue d'Angoulême du Temple, 48,
    Rue Neuve Bourg-l'Abbé, 4.
Bureaux D. — Rue Sainte-Cécile, faubourg Poissonnière,
    Rue du Faubourg-Saint-Martin, 162,
    Rue Lafayette, 5,
    Et à la gare du chemin de fer du Nord.
Bureaux E. — Rue de Sèze, 28,
    Rue du Faubourg-Saint-Honoré, 75,
    Rue de Chaillot, 3.
Bureaux F. — Petite rue du Bac, 5,
    Rue Saint-Dominique, 148.

Bureau G. — Rue de Seine, 13.
Bureaux H. — Rue du Cardinal Lemoine, 22,
    Boulevard de l'Hôpital, 47,
    Rue Mouffetard, 173,
    Rue des Noyers, 54,
    Et à la gare du chemin de fer d'Orléans.
Bureaux J. — Place de la Bourse, 4,
    Rue d'Antin, 19.
Bureaux K. — Rue Bourdaloue, 5,
    Rue Saint-Nicolas d'Antin, 8,
    Rue de Londres, 33.
Bureau L. — Rue de Vaugirard, 19.
Bureaux M. — Rue de Bourgogne, 6,
    Au Corps législatif.
Bureaux N. — Rue Fontaine-Molière, 14,
    Rue de l'Échelle, 3.

MUNICIPALITÉ, MAIRIES ET JUSTICES DE PAIX.

LA MUNICIPALITÉ DU DÉPARTEMENT DE LA SEINE ET DE LA VILLE DE PARIS A SON CENTRE A L'HOTEL DE VILLE, RÉSIDENCE DE M. LE PRÉFET DE LA SEINE.
EN OUTRE PARIS EST DIVISÉ EN DOUZE ARRONDISSEMENTS RENFERMANT CHACUN UNE MAIRIE ET UNE JUSTICE DE PAIX.

MUNICIPAL OFFICERS AND JUSTICES OF THE PEACE.

THE MUNICIPALITY OF THE DEPARTMENT OF THE SEINE AND OF THE CITY OF PARIS HAS ITS CENTRAL OFFICE AT THE HOTEL DE VILLE,
THE RESIDENCE OF THE PREFET OF THE SEINE. IN ADDITION TO WHICH EACH OF THE 12 ARRONDISSEMENTS, HAS A MAIRIE AND A JUSTICE OF THE PEACE.

1er ARRONDISSEMENT, rue d'Anjou, 11, faub. Saint-Honoré.
2e ARRONDISSEMENT, rue Drouot, 6.
3e ARRONDISSEMENT, rue de la Banque, 8.
4e ARRONDISSEMENT, rue Boucher, 6.
5e ARRONDISSEMENT, rue du Faubourg-Saint-Martin, 72.
6e ARRONDISSEMENT, rue de Vendôme, 11.
7e ARRONDISSEMENT, rue Sainte-Croix de la Bretonnerie, 20.
8e ARRONDISSEMENT, place Royale, 14.
9e ARRONDISSEMENT, rue Geoffroy-Lasnier, 23.
10e ARRONDISSEMENT, rue de Grenelle Saint-Germain, 7.
11e ARRONDISSEMENT, rue Bonaparte, place Saint-Sulpice, 78.
12e ARRONDISSEMENT, place du Panthéon.

COMMISSAIRES DE POLICE.

LA POLICE DU DÉPARTEMENT DE LA SEINE ET DE LA VILLE DE PARIS A SON CENTRE A L'HOTEL DE LA PRÉFECTURE DE POLICE, QUAI DES ORFÈVRES,
Rue de Jérusalem, 7,
ET LES DOUZE ARRONDISSEMENTS SONT DIVISÉS EN QUARANTE-HUIT SECTIONS DE POLICE, AINSI QU'IL SUIT.

COMMISSAIRES OF POLICE.

THE CHIEF OFFICE OF THE POLICE IS ON THE QUAI DES ORFÈVRES, RUE DE JÉRUSALEM, 7, BESIDES THIS OFFICE THERE ARE FORTY-EIGHT SECTIONAL OFFICES, AS FOLLOW.

1er ARRONDISSEMENT. — 5 Sections.
Section des Tuileries, rue Saint-Honoré, 357.
Section de la Madeleine, impasse Sandrié, 1.
Section de l'Élysée, rue de Penthièvre, 12.
Section des Champs-Élysées, rue des Écuries d'Artois, 31.
Section du Roule, rue de la Pépinière, 98.

2e ARRONDISSEMENT. — 5 Sections.
Section du Palais-Royal, 7, rue d'Argenteuil.
Section des Italiens, rue Favart, 2.
Section de l'Opéra, rue du Faubourg-Montmartre, 33.
Section Saint-Georges, rue des Martyrs, 15.
Section Montholon, rue du Faubourg-Poissonnière, 147

3e ARRONDISSEMENT. — 3 Sections.
Section Saint-Eustache, rue J. J. Rousseau, 21.
Section Saint-Joseph, rue Montmartre, 142.
Section Hauteville, passage des Petites-Écuries, 20.

4e ARRONDISSEMENT. — 3 Sections.
Section de la Banque, rue du Bouloi, 24.
Section du Louvre, rue Saint-Germain l'Auxerrois, 86.
Section des Marchés, rue des Lavandières Sainte-Opportune, 14.

5e ARRONDISSEMENT. — 5 Sections.
Section Saint-Sauveur, rue de la Grande-Truanderie, 42.
Section Bonne-Nouvelle, rue Beauregard, 16.
Section Saint-Laurent, rue du Faubourg-Saint-Denis, 102.
Section du faubourg Saint-Martin, rue des Vinaigriers, 34.
Section de la Douane, passage de l'Entrepôt, 5.

6e ARRONDISSEMENT. — 4 Sections.
Section Bourg-l'Abbé, rue Quincampoix, 107.
Section des Arts et Métiers, rue Volta, 18 et 20.
Section du Temple, rue de Vendôme, 11.
Section des Théâtres, quai Jemmapes, 136.

7e ARRONDISSEMENT. — 3 Sections.
Section Saint-Merry, rue du Cloître Saint-Merry, 4.
Section du Mont de Piété, rue Pavée, 6.
Section des Archives, rue Molay, 10.

8e ARRONDISSEMENT. — 5 Sections.
Section du Marais, rue du Foin, 10.
Section Popincourt, rue Saint-Sébastien, 24.
Section de la Roquette, rue du Faubourg-St-Antoine, 115 et 117.
Section du faubourg St-Antoine, rue du Faubourg-St-Antoine, 206.
Section des Quinze-Vingts, quai de la Rapée, 46.

9e ARRONDISSEMENT. — 3 Sections.
Section de l'Hôtel-de-Ville, place Baudoyer, 6.
Section de l'Arsenal, rue de l'Orme, 18.
Section des Iles, quai Napoléon, 7.

10e ARRONDISSEMENT. — 4 Sections.
Section de la Monnaie, rue Jacob, 42.
Section des Ministères, rue Bellechasse, 30.
Section Babylone, rue de la Baronillère, 14.
Section des Invalides, rue Saint-Dominique, 170.

11e ARRONDISSEMENT. — 4 Sections.
Section du Palais de Justice, rue du Harlay, 22.
Section de l'École de Médecine, rue Suger, 11.
Section de la Sorbonne, rue Mâcon, 5.
Section du Luxembourg, rue de l'Ouest, 35.

12e ARRONDISSEMENT. — 4 Sections.
Section de la place Maubert, rue des Noyers, 37.
Section de l'Observatoire, rue des Postes, 10.
Section du Jardin des Plantes, rue des Fossés-Saint-Victor, 35.
Section Saint-Marcel, rue du Marché aux Chevaux, 14.

ENVIRONS DE PARIS.

Des villes remplies de souvenirs historiques, des villages charmants, des campagnes délicieuses entourent Paris et offrent aux habitants de la capitale, ainsi qu'aux étrangers, mille moyens de satisfaire la curiosité, de faire les promenades et les explorations les plus agréables. Nous allons indiquer sommairement les localités que les promeneurs et les curieux ont le plus d'intérêt à visiter.

VERSAILLES.

Versailles, à 21 kilomètres de Paris, est l'une des plus belles villes de France; on y admire le magnifique palais que fit bâtir Louis XIV. Un immense parc renferme des sculptures du plus grand mérite, et de superbes bassins où jaillissent aux jours de fêtes les grandes eaux, considérées comme un chef-d'œuvre d'hydrostatique. Le musée a une célébrité européenne, et pas un étranger ne peut se dispenser de le visiter.

SAINT-CLOUD.

Saint-Cloud, situé en amphithéâtre sur le bord de la Seine, à deux lieues et demie de Paris, est un des lieux les plus agréables des environs. Le parc est de toute beauté, et les cascades et jets d'eau qu'il renferme ne le cèdent en mérite qu'aux eaux de Versailles. La foire de Saint-Cloud, qui se tient dans le parc, attire chaque année une grande quantité de Parisiens et d'étrangers.

SAINT-GERMAIN.

Saint-Germain possède un château auquel se rattachent de nombreux souvenirs historiques. Du haut de la terrasse le spectateur jouit d'un ravissant panorama. La forêt, où a lieu tous les ans la fête des Loges, est une des plus belles et des mieux percées que l'on connaisse.

SAINT-DENIS.

La ville de Saint-Denis renferme l'antique et célèbre basilique qui contient les tombeaux des rois de France, depuis Clovis. Le public est admis tous les jours à visiter les souterrains.

BOIS DE BOULOGNE.

En sortant de Paris par la barrière de l'Étoile, on rencontre le Bois de Boulogne, où viennent chaque jour se presser piétons, cavaliers et voitures. Les embellissements qu'on a pratiqués dans ce bois l'ont rendu la plus magnifique promenade des habitants de la capitale.

BOIS DE VINCENNES.

A l'opposé et en sortant par la barrière du Trône, on trouve le Bois de Vincennes, qui est aussi très-fréquenté, et qui renferme de fort jolies promenades. On admire le château, forteresse réputée inexpugnable; à côté, le village de Saint-Mandé, et plus loin les charmants bourgs de Saint-Maur et de Joinville-le-Pont.

ASNIÈRES.

Asnières est un site délicieux qui attire une énorme quantité de promeneurs. Le château possède un parc admirable récemment converti en un vaste établissement public, qui réunit pendant l'été une foule d'amateurs de la danse.

ENGHIEN.

Enghien partage avec Asnières l'heureux privilége d'attirer de nombreux visiteurs; son lac et les charmantes villas qui l'entourent en font un des endroits les plus agréables qu'on puisse imaginer, et qui ne peut trouver de comparaison qu'avec la délicieuse vallée de Montmorency.

SÈVRES.

Sèvres, situé à quelques minutes de Saint-Cloud, est un fort joli petit bourg, qui tire surtout son importance de sa célèbre manufacture de porcelaines (*Voir* page 7).

BELLEVUE ET MEUDON.

Bellevue est un plateau d'où l'on jouit de points de vue admirables; il n'est composé que de villas et de cottages du plus pittoresque effet. Une magnifique avenue mène à Meudon, qui possède un superbe château, ancienne résidence des ducs de Guise, et qui est entouré de bois charmants. Au pied se trouve le *Bas-Meudon*, au bord de la Seine, rendez-vous des amateurs de la pêche et des exercices nautiques.

SCEAUX.

Enfin Sceaux est un charmant village entouré de bois, de fleurs et de maisons de campagne. Il joint Fontenay-aux-Roses et Robinson, ravissants rendez-vous des véritables amateurs de la fraîcheur, de l'air pur et des ombrages.

(*Voir* page 11, *les voitures des environs de Paris.*)

Paris is surrounded by towns rich in historical recollections, and pleasant villages and agreable country walks which afford the means of delightful excursions, within easy distances of the city, either for study or for more recreation.

VERSAILLES.

Versailles, about thirteen miles from Paris, is one of the most remarkable towns in France on account of the famous palace built by order of Louis XIV, with its garden and water-works, and its extensive park including two other small palaces known as the Trianon and Petit Trianon. The palace itself contains an immense collection of historical pictures and other works of art.

SAINT-CLOUD.

Saint-Cloud is situated on the banks of the Seine at about six and half miles from Paris, and in one of the most agreeable spots in the vicinity. The park is very fine and from one side there is a fine view of Paris. The water-works here are totally different in their arrangement from those of Versailles. The fête of Saint-Cloud which takes place in September is one of the most frequented near Paris.

SAINT-GERMAIN.

Saint-Germain contains a chateau remarkable as the residence of James II of England and for many other historical associations. The terrace affords a good view of Paris, and the forest is one of the finest in France.

SAINT-DENIS.

Saint-Denis, about five miles from Paris, possesses a noble cathedral where the kings of France, from the time of Clovis, have been buried. The monuments are very numerous and many of them fine.

BOIS DE BOULOGNE.

The Bois de Boulogne commences at a short distance from the *Arc de l'Étoile* and reaches nearly to the banks of the Seine. The walks, drives, lakes, island, rivulet and cascades have been laid out and arranged with great art and effect. From one till 5 a 6 o'clock the *Bois* is thronged with carriages, equestrians and pedestrians.

BOIS DE VINCENNES.

The Bois de Vincennes is situated on the opposite side of Paris at about four miles from the barrière du Trône, or barrière de Vincennes. The famous fortress can only be visited by a permission from the *commandant de l'artillerie* at Vincennes to whom it is necessary to apply, by letter, some days previously. The wood is extensive and the neighbouring villages of Saint-Mandé, Saint-Maur and Joinville-le-Pont afford agreeable walks.

ASNIÈRES.

Asnières is also about four miles from Paris. The chateau and park are now converted into a public establishment famous for its dancing and other amusements. Asnières is also noted for its baths and for boating. It affords a very agreeable summer trip.

ENGHIEN AND MONTMORENCY.

Enghien and Montmorency are on the Northern line about four miles below Saint-Denis. This is one of the most charming spots near Paris either for excursions or for residence. — The lake of Enghien, which may be seen from the Northern railway is a fine piece of water, surrounded with elegant villas. The « Hermitage » at Montmorency was once the residence of Rousseau.

SÈVRES.

Sèvres celebrated for its porcelain manufacture is situated at the foot of Saint-Cloud and between the parks of Meudon and Saint-Cloud (*Voir* page 7).

BELLEVUE AND MEUDON.

Bellevue is situated on a ridge commanding a fine prospect. A fine avenue of trees joins Bellevue to Meudon where is a fine old chateau surrounded by woods. This was originally the palace of the dukes de Guise and is now occupied by prince Jerome Bonaparte. At the foot of the hill is Bas-Meudon, on the banks of the Seine, the resort of anglers and nautical amateurs.

SCEAUX.

Sceaux is a charming village situated in the midst of a wood, and famous for strawberries and roses. Adjoining are *Fontenay-aux-Roses* and *Robinson*. The Sceaux railway is a curiosity from its steep inclines and peculiar arrangements.

(*Voir* page 11, *Conveyances to the environs of Paris.*)

PANTHÉON.

En 1764 Louis XV fit commencer en l'honneur de sainte Geneviève, patronne de Paris, le superbe édifice qu'on admire aujourd'hui, et qui fut construit sur les plans de l'architecte Soufflot.

Peu de monuments ont éprouvé d'aussi nombreuses péripéties.

Il n'était point achevé qu'un décret de l'Assemblée constituante vint changer sa destination, et décida qu'il serait désormais consacré à la sépulture des grands hommes et porterait le nom de Panthéon, ce qui explique le magnifique bas-relief de David (d'Angers) et l'épigraphe du fronton : *Aux grands hommes la patrie reconnaissante.* L'empereur Napoléon I er rendit au culte le Panthéon ; la Restauration rétablit le nom primitif de Sainte-Geneviève. La révolution de 1830 le refit Panthéon et lui rendit sa destination philosophique ; enfin l'empereur Napoléon III lui a restitué son nom de Sainte-Geneviève, et une chapelenie y a été installée.

Le sommet de cet édifice, point le plus élevé de Paris, est formé par une lanterne circulaire percée de dix croisées éclairées et s'élève à 143 mètres 36 centimètres au-dessus du niveau de la mer. Il faut monter 473 marches pour y parvenir.

Une riche ornementation intérieure répond à la majesté du dehors ; on admire particulièrement les belles peintures dues au pinceau du baron Gros, notamment l'apothéose de sainte Geneviève. Au-dessous du Panthéon existe une église souterraine qui renferme les tombes des grands hommes, entre autres celles de Voltaire, Rousseau, Bougainville et du maréchal Lannes.

This building is situated on the south side of the Seine near the Luxembourg and is one of the most remarkable buildings in Paris. It was commenced in the reign of Louis XV, at the instance of madame de Pompadour, from the designs of the architect Soufflot, to replace the old church of Sainte-Geneviève which had fallen into ruins. Under the Emperor Napoleon it was converted into a national mausoleum for the great men of France, but it has returned to its original application and is now called *l'Église Sainte-Geneviève,* although still properly known as the *Panthéon.* The building is in the corinthian style of architecture and in the form of a cross measuring 300 feet in length and 250 in width. From the intersection of the cross rises a dome, 268 feet high, from the top of which is a fine view of the city. The interior of the dome is painted by Gros and Gerard. In the pediment over the chief entrance is a fine composition by the sculptor David (d'Angers) representing the genius of France crowning her great men ; beneath the portico are fine bas-reliefs illustrative of genius, science, art, legislation and patriotism. The crypt beneath is of great extent and contains, amongst others, the tombs of Voltaire and Rousseau ; the former is ornamented by a fine marble statue, but the latter is a mere painted model, and both are shut up within wooden enclosures.

The other most remarkable tombs are those of Bougainville and marshal Lannes. There are also several small chapels containing monuments and bust in memory of officers of State, members of the chamber of Peers, of the chamber of Deputies, officers of the legion of honor and of the army and navy.

ARC DE TRIOMPHE DE L'ÉTOILE.

Cet arc de triomphe, le plus gigantesque qui ait jamais été construit, perpétue les grands faits d'armes de l'Empire. Ses fondations ont plus de 8 mètres au-dessous du sol; sa hauteur dépasse 50 mètres sur 45 mètres de largeur et 23 mètres d'épaisseur. Les plans ont été dessinés par les architectes Raymond et Chalgrin, et Napoléon Ier en a posé la première pierre le 15 août 1806, anniversaire de sa naissance. On travailla à sa construction jusqu'en 1814, époque à laquelle les travaux furent interrompus pour n'être repris qu'en 1823. La maçonnerie fut terminée en 1831, et l'édifice fut complétement achevé en 1836. On est saisi d'une respectueuse admiration en contemplant cette œuvre grandiose, page d'histoire en pierre qui retrace les immortelles victoires de la grande armée, burinées par le ciseau des plus illustres sculpteurs contemporains.

À l'intérieur de l'édifice, que le public est admis à visiter, de vastes escaliers conduisent à la plate-forme, d'où l'on jouit d'un magnifique panorama.

ARC DE TRIOMPHE DE L'ÉTOILE.

This magnificent triumphal arch which stands at the extreme end of the Champs-Élysées, facing the Tuileries, was erected to in honor of the armies of the Empire, and is the largest known triumphal arch in the world. Its dimensions are 152 feet high, 137 feet wide and 68 feet deep, and the roadway is carried under an arch which measures 30 feet in height and 45 in width. It was designed by Raymond and Chalgrin. The first stone was laid on the anniversary of the birthday of Napoleon, the 15 August 1806. The works were continued until the year 1814 when they were suspended until 1823, the masonry was finished in 1831 and the whole was completed in 1836. The faces are enriched with sculptures by Rude, Cortot, Etex, Pradier, Vallois, Bras, Lemaire, Seurre, Foucheres, Chaponière, Gechter, Marochetti, Bron, Jacquot, Laitié, Caillouette, Rosio, Valcher, Debay, Espercieux and Vetcher. The effect of this noble work of art is enhanced by its commanding position on high ground at the intersection of six grand avenues. The view from the top is well worth the trouble of the ascent.

FABRIQUE MODÈLE DE CHOCOLAT

DE LA

COMPAGNIE COLONIALE.

VUE INTÉRIEURE (AILE GAUCHE.)

La Compagnie coloniale, dont l'Entrepôt général est place des Victoires, 2, à Paris, a établi sa fabrique entre le bois de Boulogne et la barrière de l'Étoile, dans l'exposition la plus favorable aux conditions hygiéniques que réclame un établissement de cette nature. Nous avons visité cette fabrique dans tous ses détails, et cette visite nous a démontré, jusqu'à l'évidence, que les fondateurs de la Compagnie coloniale, sortant des sentiers trop longtemps battus, et appelant à leur aide les conseils de la science, ont adopté les procédés de fabrication les plus rationnels et les plus perfectionnés.

Ce qui frappe tout d'abord, en entrant dans cette fabrique, c'est l'extrême propreté qui règne de toutes parts. On comprend que, dans ces vastes ateliers largement aérés, la pâte de Chocolat, si prompte à se détériorer sous l'influence des mauvaises odeurs ou d'un air vicié, n'ait à redouter aucune altération.

Une puissante machine à vapeur distribue partout la vie et le mouvement, en même temps qu'elle fournit aux appareils qui doivent être légèrement chauffés une température toujours égale. Les cacaos qui couvrent les planchers du premier étage proviennent des pays de production les plus estimés, récoltés à l'époque de l'année la plus opportune par des colons intéressés eux-mêmes dans la Compagnie, embarqués avec tous les soins nécessaires, ces cacaos arrivent et sont emmagasinés dans un état parfait de conservation. Emploi de matières premières de choix, telle est pour la Compagnie coloniale, si nous osons nous exprimer ainsi, la clef de voûte de sa fabrication.

Ces précieuses amandes, toutes parfaitement saines, sont ensuite soumises à la torréfaction, et elles subissent dans cette première et délicate opération un degré de chaleur que de nouveaux et ingénieux procédés permettent de régler avec une certitude rigoureuse, sans que rien soit donné au hasard.

Si, en visitant la fabrique de la Compagnie coloniale, on suit avec un intérêt soutenu les opérations successives dans lesquelles les cacaos sont triés, torréfiés, concassés, minutieusement épluchés, cet intérêt augmente lorsqu'on parcourt, au rez-de-chaussée, l'immense pièce où fonctionnent les appareils destinés à écraser les sucres de la plus belle qualité et de la meilleure origine; les mélangeurs, où le sucre et le cacao subissent sur un lit de marbre, et sous le poids du granit, une première trituration; les broyeurs, où le génie de la mécanique se révèle dans ses combinaisons les plus heureuses.

Nous avons remarqué que, dans aucune de ces machines, le Chocolat n'est jamais en contact avec le fer, qui tend à lui communiquer une saveur métallique offensante pour le goût, et souvent blessante pour l'estomac. Ici, le marbre ou le granit ont remplacé les instruments en fer. C'est encore le marbre qui recouvre les plafonds et les murs des salles construites dans les étages inférieurs de la fabrique, et où les Chocolats sont transformés en tablettes, pastilles, bonbons, etc., avant de recevoir sur leurs enveloppes le timbre et le cachet de la Compagnie qui les accréditent parmi les consommateurs et leur servent de signalement.

Nous ne saurions trop le répéter : si un grand nombre de fabricants, dont les industries s'appliquent à des substances alimentaires, et qui dès lors intéressent l'hygiène au plus haut point, adoptaient sous le double rapport de la fabrication et du commerce de leurs produits les principes qui ont guidé la Compagnie coloniale dans la voie nouvelle où elle est entrée, un grand progrès serait accompli. Ces industries, désormais réhabilitées, imposeraient silence aux plaintes et aux accusations qu'elles ne justifient que trop souvent et que font justement entendre la morale blessée et la santé publique compromises.

(*Extrait de la* Gazette Médicale de Paris.)

PALAIS DES TUILERIES.

Ce palais doit son nom à l'emplacement qu'il occupe, sur lequel s'élevaient jadis des fabriques de tuiles et de poteries. Les fondements de ce monument furent jetés en 1564 par Catherine de Médicis, d'après les plans de Philibert Delorme et de Jean Bullant, architectes célèbres de l'époque. Henri IV et Louis XIII firent continuer les travaux dans l'intention d'opérer la jonction avec le Louvre; mais Louis XIV ayant fixé sa résidence à Versailles, qu'il avait fait bâtir, les travaux furent interrompus, et le palais ne fut plus habité que par les officiers de la maison du roi. — L'empereur Napoléon Ier rendit aux Tuileries leur destination première en venant les habiter; depuis son règne elles ont été la demeure successive des souverains, et sont présentement celle de l'empereur Napoléon III, auquel appartient la gloire d'avoir réuni les Tuileries au Louvre, et terminé ainsi un monument qui sera bientôt le plus gigantesque et le plus splendide de l'univers.

PALAIS DES TUILERIES.

In the time of Charles the fifth there stood by the side of the Seine, and by the gardens of the old Louvre a large space of ground partly occupied by till-kilns, from which the name of this famous palace is derived, and partly as a receptacle for all the rubbish of the city. The stately pile, which has replaced these humble objects, was commenced in 1564 by Catherine de Medicis under the direction of Philibert Delorme and Jean Bullant, the most celebrated architects of the day. Henry IV and Louis XIII continued the works employing the architects Ducerceau and Dupérac, and these were succeeded by Levau and d'Orbay under Louis XIV. This monarch however gave up the Tuileries in favor of his new palace of Versailles, the works were stopped and the palace given up to the officers of the royal household. — The Regent Duke of Orleans afterwards made it his residence. The Emperor Napoleon took up his abode there and since that time it has been the town residence of each succeeding sovereign. To the present Emperor is due the honor of having completed the buildings on the north side joining the Louvre, and of having otherwise greatly improved the palace and its dependencies.

ÉGLISE NOTRE-DAME.

CATHEDRAL OF NOTRE-DAME.

La première pierre de cette gigantesque basilique fut posée en 1163 par le pape Alexandre III. La masse de l'édifice fut achevée soixante ans plus tard, sous le règne de Philippe-Auguste; mais il fallut trois siècles pour exécuter les immenses détails de sculpture qui décorent cette métropole et en font un des plus admirables monuments des siècles passés.

La plus grande célébrité se rattache à la cathédrale de Paris, où venaient, où viennent encore les souverains et les pontifes remercier le ciel des grandes victoires, où l'implorer dans les grandes calamités. C'est là qu'en 1802 le culte catholique fut rétabli après la grande tourmente révolutionnaire, pendant laquelle le vénérable monument, mutilé et profané, servit de *Temple de la Raison*. C'est là que le pape Pie VII sacra empereur Napoléon Ier. Depuis vingt ans de grands travaux ont été entrepris, et la restauration de cette église sera bientôt complète. On voit dans la tour du nord la fameuse cloche dite *le bourdon*, qui pèse plus de 16,000 kil.

This noble building stands in the midst of the old city of Paris, on the small island which originally included the entire capital of France. The first stone of the cathedral is said to have been laid in 1163, by pope Alexander the third then a refugee in France, and the greater part of the building was erected during the succeeding century; it was however about 300 years more before the elaborately sculptured details were all completed. During the first revolution the edifice was sadly injured, but it is being carefully restored according to the original design and the renovation is now very nearly completed. The front entrance is very remarkable, as also are the circular windows in the transepts and the exterior of the choir with its curiously light and elegant flying buttresses. The views of the cathedral from the bridges and from the south bank of the Seine are very fine. It was in this cathedral that the *Temple of Reason* was established, and that the Emperor Napoleon was crowned by the pope.

PALAIS DE LA BOURSE.

Le palais de la Bourse de Paris est un des plus beaux monuments de l'Europe, et jouit d'une universelle célébrité. Il a été élevé sous l'Empire, sur l'emplacement de l'ancien couvent des Filles-Saint-Thomas, d'après les plans de Brongniart. Ce monument couvre une superficie de terrain de 71 mètres de longueur sur 42 mètres de largeur; la grande salle intérieure d'assemblée, de figure rectangulaire, mesure 38 mètres sur 23; à l'extrémité se trouve la place dite la Corbeille, réservée aux agents de change. Le dôme, percé à jour, est orné de magnifiques grisailles dues à Picot, à Meynier et à Abel de Pujol. — Au premier étage de l'édifice est placé le tribunal de commerce, et à côté la salle des faillites; les greffes sont à l'étage au-dessus. La Bourse est ouverte tous les jours de 1 à 5 heures; les négociations des valeurs cotées au parquet se terminent à 3 heures. A l'exception de quelques galeries publiques qu'elles sont admises à visiter, l'entrée de la Bourse est interdite aux femmes.

THE BOURSE.

This building was commenced in 1808, and completed in 1826. It stands on the site of an ancient convent of the *Filles-Saint-Thomas*, and was built after the plans of Brongniart. The entire building is about 230 feet long and 136 wide, and the great hall in the interior measures 90 by 80 feet. At the upper end of this hall is the place reserved for the *Agents de changes* and called the *Corbeille*. The interior is ornamented by some well painted camaos by Picot, Maynier and Abel de Pujol. On the first floor is the *Tribunal de commerce*, and the Court of bankruptcy, on the ground floor are the registry and other offices. The Bourse is open every day from 1 to 5 o'clock, but a visit should be paid before 3 when the important business terminates. Ladies, in consequence of the spread of speculation among the fair sex, are not allowed to enter the grand hall but they may view the proceedings from the public galleries.

LA MADELEINE.

THE MADELEINE.

Commencée sous le règne de Louis XV, ce n'est qu'en 1842 que cette église a été achevée. Napoléon Iᵉʳ destinait la Madeleine à être le *Temple de la Gloire*, en l'honneur des soldats de la grande armée. Splendide imitation de l'art architectural antique, cette église forme un plan rectangulaire de 100 mètres de long sur 42 de large, et elle est entourée d'un péristyle de 52 colonnes de 19 mètres de haut. Le fronton, sculpté par Lemoire, représente le *Jugement dernier*; on l'admire particulièrement, ainsi que la riche clôture du plafond et la grande porte d'entrée, entièrement en bronze. L'intérieur est une nef gigantesque terminée par un maître-autel semi-circulaire, orné de belles sculptures et d'une admirable fresque due au pinceau de M. Ziegler. — Tout l'édifice tire son jour d'en haut, car il n'existe aucune ouverture pratiquée dans les murs. Les peintres et les sculpteurs les plus célèbres de notre époque ont contribué à la magnificence de cette église, sans contredit l'un des plus beaux monuments de Paris.

This church is one of the best examples of a modern Corinthian structure. It resembles a Greek temple more than a Christian church, but it would be difficult to surpass the effect of its elegant proportions and details. This effect is increased by its position, on a raised plateau at the junction of the Boulevards and the Rue Royale, visible from the Place de la Concorde and from the Legislative Assembly on the south side of the Seine. The pediment, representing the *Last Judgment*, by Lemoire, the figures of Saints in the niches of the outer walls, and the noble bronze doors, deserve examination. The interior is too gorgeous for the chaste beauty of the exterior. The building was designed in the reign of Louis XV but the structure was not completed till the time of Louis-Philippe. Under the first Empire it was proposed to convert the building into a "Temple of Glory" in honour of the grand army, but it is now used as a church, and is one of the most frequented in Paris.

CAFÉ DE LA ROTONDE.

Le café de la Rotonde est presque centenaire; baptisé primitivement du nom de *Café du Caveau*, ainsi que le rappelle la plaque de marbre noir sur laquelle fut gravé en lettres d'or le mot Caveau, plaque qui a toujours été conservée et que l'on voit encore sur le mur qui fait face à la rue Beaujolais, il était la réunion d'une société d'élite. En 1802, le propriétaire obtint l'autorisation d'établir un pavillon qu'il appela le *Pavillon de la Paix*, heureux à-propos au moment de la signature du traité de paix d'Amiens. De bien grandes transformations y ont été faites depuis sa création; M. Louvet, son intelligent propriétaire, vient encore de lui faire subir la plus brillante métamorphose, et le pavillon du Palais-Royal n'est rien moins qu'un kiosque merveilleux tout étincelant de lumières, de peintures, de glaces, de dorures et de fleurs; il est aujourd'hui comme autrefois, et comme il le sera toujours, le rendez-vous de la bonne compagnie et des étrangers. La réputation du café de la Rotonde pour ses glaces délicieuses est européenne, et comme spécialité de bon ton tous les jeux en sont exclus.

CAFÉ DE LA ROTONDE.

The Café of the Rotunda is nearly a hundred years old; originally it was called *le Café du Caveau*, as is stated on the piece of black marble on which was engraved in letters of gold the word *Caveau*, this slab of marble has been carefully preserved and may now be seen on the wall of the café facing the Rue Beaujolais, the Café was originally the place of meeting of the higest society. In 1802 the proprietor obtained leave to establish a pavilion in the Garden of the Palais-Royal, it was called the *Pavillon de la Paix*, in honor of the treaty of Amiens. Great improvements have been made in the Café since its establishment and M. Louvet, the spirited proprietor, has just had it decorated in an elegant manner, and the Pavilion now presents the appearance of a brilliantly illuminated kiosque, ornamented with paintings, mirrors guilding and flowers. It is now, as it always has been and is likely to remain, the resort of the better classes of foreigners. The Café has a high reputation for its coffee and ices. One peculiar feature of the establishment is that no games of any sort are permitted.

Charles Rivière del.

PALAIS ET JARDIN DU PALAIS-ROYAL.

THE PALAIS-ROYAL.

Ce palais fut construit en 1629 pour le cardinal Richelieu, qui y mourut le 4 décembre 1642, après l'avoir légué à Louis XIII. Ce monument, dénommé d'abord *Palais-Cardinal*, puis *Palais-Royal*, reçut sous la première révolution le nom de *Palais-Égalité*, sous le consulat celui de *Palais du Tribunat*, en 1848 celui de *Palais-National*, et a repris depuis plusieurs années son nom de *Palais-Royal*. La restauration habile qui en a été récemment faite l'a rendu l'un des monuments les plus remarquables de Paris; on admire tout particulièrement, à l'intérieur, un magnifique escalier, dont la rampe est un véritable chef-d'œuvre de serrurerie. Ce palais, qui sert actuellement de demeure au prince Jérôme Napoléon et à son fils, renferme de superbes appartements et une galerie de tableaux modernes fort estimée.

Le jardin a la forme d'un carré long; il est planté de quatre rangées de tilleuls, et renferme deux charmants parterres séparés par un bassin à jet d'eau. Il est entouré par trois beaux corps de bâtiment, au rez-de-chaussée desquels règnent de vastes galeries couvertes, éclairées par 180 arcades. Les plus beaux magasins de la capitale, les restaurants les plus renommés, les cafés les plus en vogue s'y rencontrent à chaque pas, et concourent à faire du Palais-Royal un splendide bazar dont la réputation est universelle.

The palace was built in 1629 by cardinal Richelieu, who died here on the 4th of december 1642, after having left the building by will to Louis XIII.

Originally it bore the name of the *Palais-Cardinal*, during the first revolution it was called the *Palais-Égalité*, under the consulate it was named *Palais du Tribunat*, in 1848 it was altered to *Palais-National*, and it has now again assumed the name of *Palais-Royal*. The recent repairs and decorations have made it one of the remarkable buildings of Paris; the staircase deserves particular notice, the stair rails being considered fine specimens of iron work. The palace, in which reside prince Jerome and his son prince Napoleon, includes some very fine apartments and the celebrated Orleans gallery of pictures.

The garden which forms a long parallelogram is planted with four rows of lime trees and includes two elegant parterres with a fountain in the centre. Around the garden are fine rows of buildings, with a vast number of well stocked shops under a piazza of 180 arches. The Palais-Royal contains some of the first *Restaurants* and *Cafés* in Paris, and altogether it may be regarded as a grand bazar and an elegant promenade.

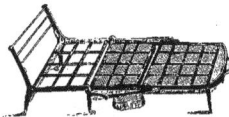

INVALIDES.

Henri IV, le premier, songea à l'établissement spécial d'un lieu de retraite pour les militaires invalides; mais ce ne fut que sous le règne de Louis XIV que ce projet reçut sa pleine exécution par la construction, sur les plans de Bruant, du superbe hôtel qu'on admire aujourd'hui. La partie la plus remarquable est le dôme de l'église, chef-d'œuvre de Jules Mansart, architecte du palais de Versailles; il renferme de précieux morceaux de sculpture et de nombreux drapeaux, glorieux trophées conquis sur les champs de bataille.

Immédiatement au-dessous du dôme et au milieu, une crypte de la plus majestueuse simplicité renferme le tombeau de l'empereur Napoléon et réalise ainsi son dernier vœu : « Je désire que mes cendres reposent sur les bords de la Seine, au milieu de ce peuple français que j'ai tant aimé. » Ces paroles sont inscrites au-dessus de la porte de la crypte, qui est précédée d'un vestibule qui renferme les tombes des deux fidèles compagnons du grand homme, les généraux Duroc et Bertrand. La cour au-devant de l'hôtel est remplie de canons pris sur l'ennemi, que l'on entend retentir aux jours des fêtes publiques.

THE INVALIDS.

The first asylum for invalid soldiers known to have been established in France was formed by Henry IV in 1596 in the faubourg Saint-Marcel and afterwards removed to another locality; but it was during the reign of Louis XIV, about the year 1700, that the present building was commenced under the direction of the architect Bruant. The hospital affords accommodation for upwards of 3,000 pensioners, and the internal arrangements are worth an inspection. But the most remarkable portion of the building is the chapel in the rear with its dome, which is considered one of the finest works of the architect Mansart. In the chapel are some fine sculptures, and a collection of flags and trophies taken during the wars. Beneath the dome is a crypt of noble proportions in the centre of which is the tomb of Napoleon, and on the door of the chamber is inscribed the Emperor's last desire, that his ashes should repose on the banks of the Seine, amid the French people whom he loved so well. In the vestibule of the crypt are the tombs of his faithful followers generals Duroc and Bertrand. The disposition of the light falling through colored glass into the tomb, the altar and the marble walls of the crypt gives to the whole an air of solemn grandeur.

PORTE SAINT-DENIS.

PORTE-SAINT-DENIS.

Ainsi que l'attestent les inscriptions latines qui figurent sur ce monument, c'est en l'honneur du grand roi Louis XIV que la ville de Paris, jalouse de lui témoigner son admiration, fit, en 1672, élever l'arc de triomphe de la porte Saint-Denis. Cet édifice, d'une majestueuse simplicité, est placé vers le centre des boulevards, faisant face à la rue et au faubourg Saint-Denis ; il mesure 24 mètres de large sur une semblable hauteur ; le grand arc dont il est percé compte 14 mètres de haut sur 8 de large. C'est sur les dessins de l'architecte Blondel que la porte Saint-Denis a été construite. Girardon et Michel Anguier ont sculpté les magnifiques bas-reliefs qui la décorent ; l'un d'eux représente la *Prise de Maestricht*, l'autre le *Passage du Rhin*.

On considère à juste titre ce monument comme un chef-d'œuvre.

Par sa position centrale, la porte Saint-Denis a eu depuis 1830 la fâcheuse prérogative d'être le rendez-vous des émeutes qui ont signalé les différentes commotions politiques ressenties depuis la révolution de juillet. L'insurrection de juin 1848, notamment, y construisit sa première barricade, et la porte Saint-Denis et ses abords furent témoins d'une lutte sanglante dans laquelle succombèrent de part et d'autre une grande quantité de combattants.

This arch stands on the boulevards at the head of the faubourg Saint-Denis. It was erected, by the city of Paris in honor of Louis XIV, in the year 1672. The total height of the structure is nearly 80 feet and the road passes under an arch 45 feet high by 26 broad. The architect was the celebrated Blondel, and the effect of the whole is certainly striking and elegant ; it is the most remarkable arch in Paris after the *Arc de l'Étoile*. Its chief artistic features however are the two bas-reliefs by the famous sculptors Girardon and Michel Anguier. One of these represents the *Battle of Maestricht*, and the other the *Passage of the Rhine* an event which occupies so prominent a place in the military history of France of the time of which this arch is the memorial. Originally this building formed one of the city gates, but at present, it is merely an historical monument.

The central position of the *Porte Saint-Denis* has made it a rallying-point in all the political commotions which have taken place in Paris since the revolution of July 1830. — The first barrier erected in the streets during the insurrection of June 1848 was constructed near this arch and was the scene of a severe struggle in which many of the combatants, on each side, were killed.

PORTE SAINT-MARTIN.

L'architecte Pierre Bellet fut chargé de dresser les plans d'un second arc de triomphe destiné à perpétuer la gloire de Louis XIV. Ce fut en 1674, c'est-à-dire deux ans après l'érection de la porte Saint-Denis, qu'on construisit l'arc de triomphe de la porte Saint-Martin. Disons-le, il est inférieur à son devancier. Plus petit (il n'a que 18 mètres de haut), il a été bâti dans le genre vermiculé, alors en vogue; il n'a réellement de remarquable que les beaux bas-reliefs qui ornent l'arc du milieu : ils représentent la *Prise de Besançon*, celle de *Limbourg*, la *Défaite des Allemands* et la *Triple alliance*. Ils sont dus au ciseau de Desjardins, Legros père, le Hongre et Marsy. Une inscription latine renferme la dédicace.

A proximité se trouve le théâtre de la *Porte-Saint-Martin*, dont la salle, bien que construite en soixante-cinq jours, est une des plus grandes et des plus belles de Paris. La promptitude apportée dans cette construction était nécessitée par l'incendie récent de la salle de l'Opéra. Le théâtre de la Porte-Saint-Martin renferme plus de 1,800 places, et les pièces qui y sont représentées ont l'heureux privilège d'attirer quotidiennement l'affluence du public. Une exposition artistique et industrielle va s'ouvrir dans de magnifiques appartements attenant à ce théâtre, et le public pourra, dans les entr'actes, visiter gratuitement cette intéressante exhibition.

PORTE SAINT-MARTIN.

This arch stands within sight of the porte Saint-Denis, at the head of the next great outlet from the boulevards. Like its predecessor it was one of the city gates and was designed, also, as a monument of the deeds of the French army under Louis XIV. It was built by Pierre Bellet in the year 1674. As a work of art it is much inferior, as well as smaller, than porte Saint-Denis. The bas-reliefs on its face represent the *Taking of Besançon* and of *Limbourg*, the victory over the Germans and the *Triple alliance*. They are the work of the sculptors Dujardin, Legros père, le Hongre and Marsy, and are considered fine productions.

Close to this arch is the popular theatre of Saint-Martin remarkable not only for its grand proportions but also as having been built in the short space of sixty-five days. This rapidity of construction was in order to provide a theatre in place of the Opera as had been destroyed by fire. The theatre of Saint-Martin holds more than 1,800 people, and it is generally well filled, the pieces played there being of popular melodramas placed on the stage with great scenic effect. An exhibition of objects of art is about to be established, in the large rooms attached to the theatre, to which the visitors will be admitted between the acts without extra charge.

PLACE DE LA BASTILLE ET COLONNE DE JUILLET.

Sur cette place s'élevait autrefois la *Bastille*, prison d'État tristement célèbre, qui fut prise et détruite par le peuple de Paris, le 14 juillet 1789. L'Empire fit disparaître les ruines de cette forteresse, à laquelle succéda la place qui porte son nom. Au milieu se dresse maintenant la colonne de Juillet, érigée en mémoire des citoyens morts à Paris pendant les journées des 27, 28 et 29 juillet 1830, en combattant contre les troupes de Charles X. Des caveaux situés sous la colonne renferment les restes des 615 victimes de juillet qui y furent transférés des divers lieux où ils avaient été primitivement inhumés. La colonne de Juillet est complétement en bronze, ainsi que son escalier de 205 marches ; elle mesure 47 mètres de hauteur et pose sur un soubassement de marbre appuyé sur les voûtes du canal Saint-Martin. Les noms des victimes sont inscrits en lettres d'or sur la colonne, et le génie de la Liberté, statue en bronze de Dumont, plane au sommet.

La galerie d'en haut est accessible au public moyennant une légère rétribution.

La prison de la Bastille a laissé de pénibles souvenirs, et d'illustres personnages y ont été enfermés. Nous citerons entre autres Guillaume de Harancourt, évêque de Verdun, le duc de Nemours, le comte de Saint-Pol, le duc de Bassompierre, le financier Fouquet, le Maistre de Sacy, le duc de Biron, Lauzun, le maréchal de Richelieu, le cardinal de Rohan, Lally-Tolendal et Voltaire.

Deux prisonniers célèbres ont aussi subi leur captivité à la Bastille : le chevalier de Latude et l'homme au masque de fer, au sujet duquel on s'est jusqu'à ce jour épuisé en vaines conjectures.

Lith. Jacquet & fils à Paris.

PLACE DE LA BASTILLE AND COLUMN OF JULY.

The Bastille, the State prison of such sad celebrity, was demolished by the people on the 14 july 1789. During the first Empire every trace of this fortress was removed and the place which now bears its name was laid out. A portion of the moat of the old Bastille now forms a basin for the canal boats. The canal of Saint-Martin runs under the centre of the open space, and the basement of the column of July stands upon ponderous arches carried over the canal. The column was raised to the memory of the citizens who were killed in Paris during the three days of july 1830, while opposing the troops of Charles the tenth. More than 600 victims are buried at the base of the column, their bodies having been brought there from various places were they had been hurriedly buried. The column itself is composed entirely of bronze and its capital is said to be the largest casting of the kind ever executed. The total height is about 150 feet. On the top of the column is a statue of Liberty by Dumont, in its hands are a torch and broken chain. The names of the victims lying beneath are inscribed in letters of gold upon the column. The gallery at the top is accessible by payment of a small fee.

The Bastille has left behind it a sad history. Among the persons who had been prisoners within its walls may be mentioned Guillaume de Harancourt, bishop of Verdun, the Duke of Nemours, Count of Saint-Pol, the Duke de Bassompierre, the minister Fouquet, le Maistre de Sacy, the Duke de Biron, Lauzun, marshal of Richelieu, cardinal de Rohan, Lally-Tolendal and Voltaire.

Two celebrated prisoners died within the walls of the Bastille, the chevalier de Latude and the man in the Iron mask, about whom so much curiosity has been vainly exercised.

FONTAINE DU CHATEAU-D'EAU.

FOUNTAIN OF THE CHATEAU-D'EAU.

Cette fontaine, d'une grande simplicité, n'en est pas moins très-pittoresque. Elle a été élevée sous l'Empire sur les plans et dessins de l'architecte Girard. Elle se compose d'un vaste bassin en pierre dure, d'où sortent d'autres bassins et des gradins soutenant une large coupe de fonte d'où s'échappe une énorme gerbe d'eau, qui retombe en cascades de gradin en gradin jusque dans le grand bassin intérieur. Lançant des filets d'eau par la gueule, huit lions en fonte accomplés par deux et couchés en manière de sphinx donnent au Château-d'Eau un aspect imposant. — Ajoutons que cette fontaine, située sur le boulevard Saint-Martin, au milieu du marché aux Fleurs, est pendant la belle saison le rendez-vous d'une grande quantité de promeneurs qui viennent jouir de la fraîcheur de ses eaux en même temps qu'ils respirent un air embaumé.

This fountain is situated on the Boulevard Saint-Martin and although extremely simple in its style attracts attention from its size, being about 90 feet in diameter. It was constructed about 1811 after a design by the architect Girard. It consists of a large stone basin, from the centre of which rise a series of smaller basins and steps and above all a large vase from which flows an enormous quantity of water, supplied from the canal de l'Ourcq, which falling from step to step produces a fine effect. Eight lions, in the attitude of the sphinx, are placed, in pairs, around the upper basin and a stream of water issues from each of their mouths. The fountain stands in the midst of a flower market, held every Monday and Thursday during the summer, and the combination of the two renders the spot a favorite with promenaders.

TOUR SAINT-JACQUES.

L'un des derniers débris de l'art architectural gothique à Paris, seul reste de l'église du même nom qui fut démolie en 1793, après environ quatre siècles d'existence, la tour Saint-Jacques-la-Boucherie attire une juste curiosité et commande l'admiration. Une habile restauration vient de rendre toute sa valeur artistique à ce monument, dont les élégantes sculptures sont un véritable chef-d'œuvre de délicatesse. L'édifice mesure 55 mètres de la base au sommet; il renferme un escalier à vis de 291 marches qui conduit à la plate-forme, à chacun des angles de laquelle on remarque des figures symboliques d'animaux, emblèmes des évangélistes. On les doit au tailleur d'images Raoult, qui avait aussi sculpté la figure, haute de 6 mètres, de saint Jacques, qu'on vient de rétablir d'après l'original, mutilé lors de la révolution. Le nom d'un personnage mystérieux se rattache à la tour Saint-Jacques-la-Boucherie, c'est celui de Nicolas Flamel, l'un de ses bienfaiteurs, qui se livra avec ardeur à la pratique de l'alchimie, et avait trouvé, disait le vulgaire, la *pierre philosophale*.

L'église Saint-Jacques-la-Boucherie jouissait jadis du précieux droit d'asile, dangereux privilège qui lui fut retiré par Louis XII. Lors de la démolition de cette église, la tour fut épargnée, en raison de sa solidité extraordinaire et de sa hauteur, qui égale celle du fameux Colisée de Rome. Cette tour, longtemps occupée par une fabrique de plomb de chasse, a été acquise, il y a vingt ans, par la ville de Paris, moyennant le prix modique de 250,000 francs.

TOUR SAINT-JACQUES.

In the rue Rivoli near the Hôtel de ville stands a very fine specimen of gothic architecture, the only part left of a large religious establishment that had existed for four centuries and was demolished in 1793. The tower has been very skilfully restored and is one of the most remarkable objects in Paris, not only on account of its antiquity, but also for its great elegance. — Its sculptured details are admirably executed. The tower is about 180 feet high, and nearly 300 steps conduct the visitor to the platform, the angles of which are ornamented with figures of animals emblematical of the evangelists. — These figures were sculptured by Raoult, who also executed a figure of the saint to whom the edifice was dedicated. The figure now seen on one of the angles of the roof is a copy of the original. The name of a mysterious personage, one Nicholas Flamel, an enthusiastic alchemist who was reported actually to have discovered the philosopher's stone, is connected with the *Tour de Saint-Jacques de la boucherie*, to which he is stated to have been a contributor, and a statue of this person stands in the lower apartment of the building. The whole is now contained within an elegantly arranged garden.

The church of Saint-Jacques-la-Boucherie formerly possessed the right of asylum, a dangerous privilege which was withdrawn by Louis XII. When the church was demolished the tower was saved by its extraordinary strength, and on account of its great height which is equal to that of the Colliseum at Rome. This tower was for a long time occupied as a shot factory, and it was purchased by the city of Paris for the moderate sum of 10,000.

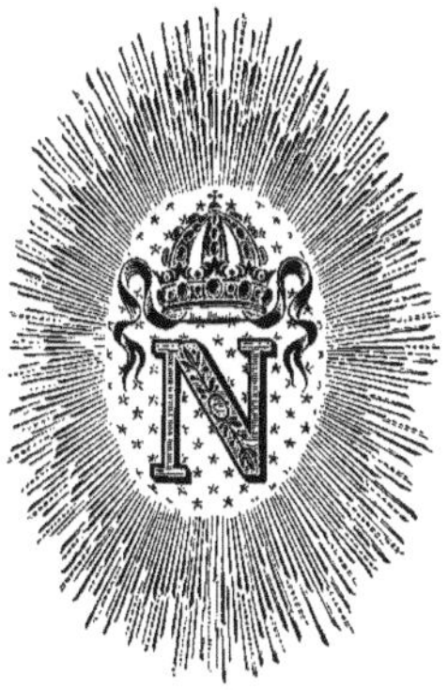

RUE
DE
l'Échelle,
3,
CI-DEVANT
PLACE
DU
Louvre.

RUE
DE
l'Échelle,
3,
CI-DEVANT
PLACE
DU
Louvre.

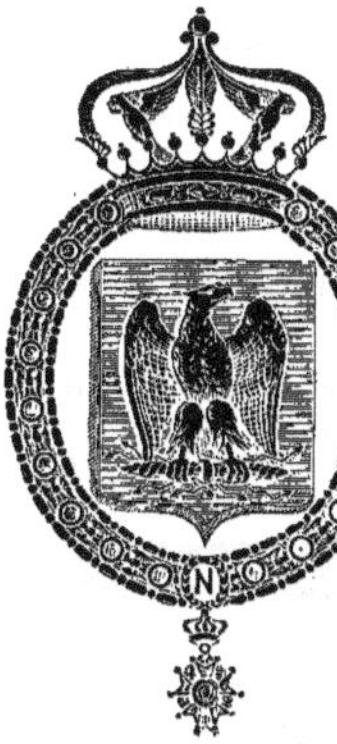

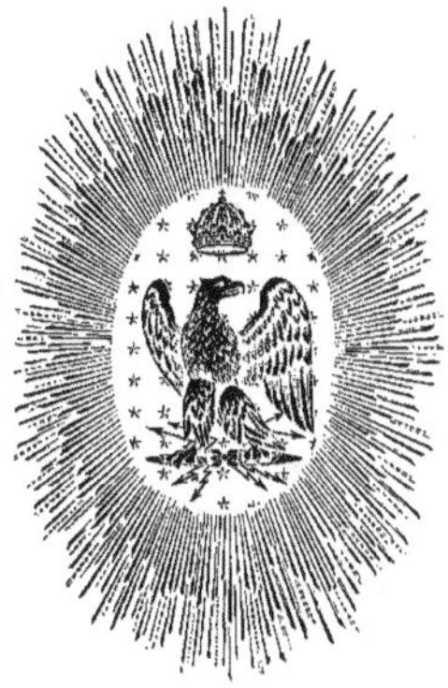

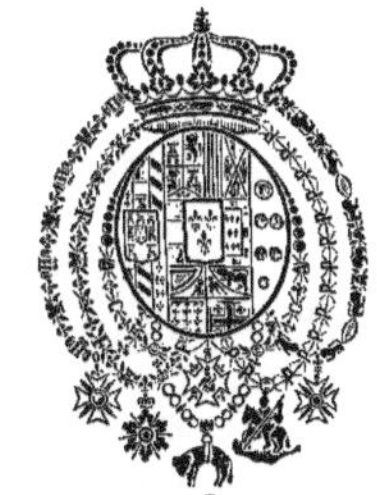

ALEXANDRE DESPIERRES

Relieur de Sa Majesté l'Empereur.

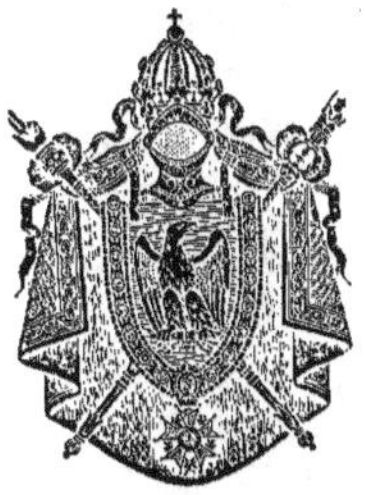

SPLENDIDES RELIURES
GARNIES
En Orfèvrerie
ÉMAUX
ARGENT VIEILLI
Bois sculpté, etc.

SPLENDID BINDINGS
MOUNTED IN
Gold, Silver, and Gilt
ENAMEL
OXYDISED SILVER
Carved wood, etc.

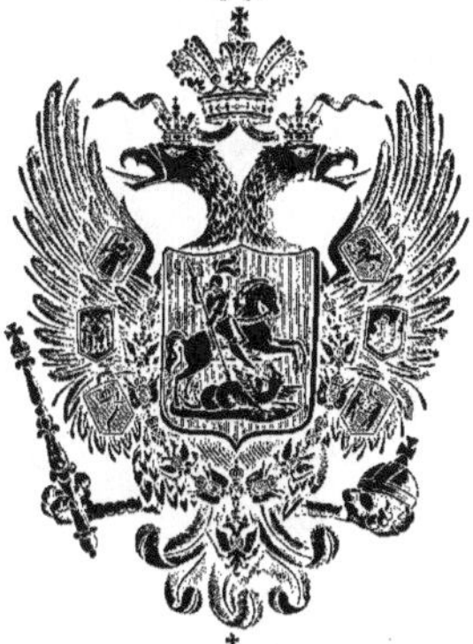

RELIURES D'ART
de simplicité noble et élégante
PROPRES A ÊTRE OFFERTES
AUX SOUVERAINS.

ARTISTIC BINDINGS
SUITABLE FOR
IMPERIAL & ROYAL TABLES.

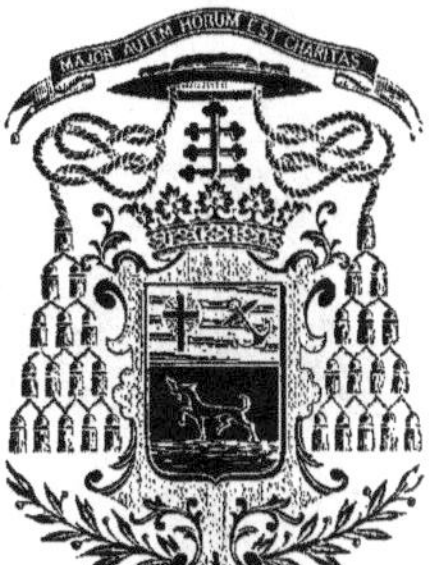

COLLECTION
en plusieurs formats
DES
ARMOIRIES
de toutes les puissances.

COLLECTION
OF
ARMORIAL BEARINGS
OF
all States
in various forms.

MAISON SPÉCIALE
POUR LES LIVRES
DE
MARIAGE,
RICHES
LIVRES D'HEURES,
GRANDS ET PETITS MISSELS.

RICH AND SPECIAL BINDINGS
FOR
BOOKS OF MARRIAGE
PRAYER BOOKS
& MISSALS.

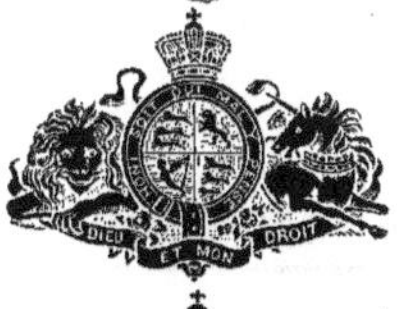

SPÉCIALITÉ D'ALBUMS
de toute espèce et de tout format
RELIÉS D'UNE MANIÈRE PARTICULIÈRE ET SPÉCIALE
POUR PLACER LES
DESSINS OU PHOTOGRAPHIES.

ALBUMS
SPECIALLY ARRANGED
in every shape and form
TO HOLD
DRAWINGS & PHOTOGRAPHS.

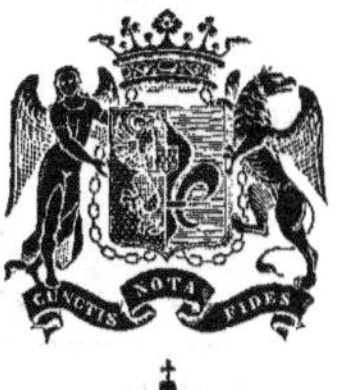

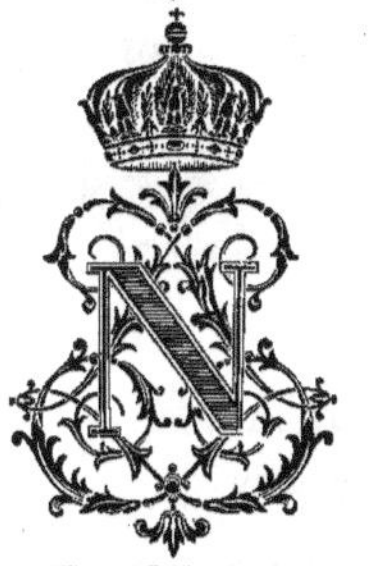

BUVARD-DESPIERRES
DIT
BUVARD-BUREAU
BREVETÉ S. G. D. G.
le plus commode et le mieux raisonné des portefeuilles-bureaux
jusqu'ici connus.

COMMISSION et EXPORTATION.

On trouve tout fabriqués dans mes Magasins
les Articles de Maroquinerie à la mode;
les Portefeuilles de Ministres et d'Avocats,
les Porte-Cartes de Visite de toute espèce,
les Porte-Monnaie de nouveau système, etc., etc.
Les Commandes sont exécutées avec la précision
la plus exacte et la plus grande promptitude,
et les Armes ou Chiffres des personnes qui le désirent
sont poussés, sans augmentation de prix,
sur tous les objets sortant de mes Ateliers.
Je ne vends que les Produits de ma Maison, ce qui,
malgré la supériorité du Travail, me permet
d'offrir une grande économie aux Acheteurs.

DESPIERRE'S
PATENT WRITING CASE
The most commodious, portable,
and best arranged, ever offered
to the Public.

WHOLESALE, RETAIL, and EXPORTATION.

In this Establishment are made also:
Fancy Articles in Morocco,
Ministers' Portfolios,
Card Cases,
Porte-Monnaies in new forms, etc. etc.
All orders executed with the greatest care
and promptitude.
Arms or Cyphers inserted without extra charge.
Everything is made in the Establishment,
and Purchasers therefore obtain
the very best Workmanship
at reduced Prices.

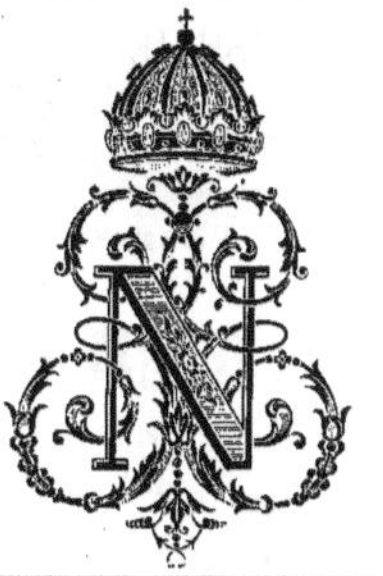

GRAND CAFÉ PARISIEN

LE PLUS GRAND CAFÉ DU MONDE

UNE DES CURIOSITÉS DE PARIS

CONSTRUIT

PAR

CHARLES DUVAL

ARCHITECTE

POUR MM. JULES LAFONTAINE & C⁽ᵉ⁾

EN 1856.

Par décret du 8 août 1855, le *Grand Café parisien* était exproprié pour faire place à la caserne du Château-d'Eau, au plus fort d'une réussite sans pareille, que justifiait la supériorité de cet établissement de premier ordre, dû au génie de M. Charles Duval, l'un des architectes les plus distingués de notre époque. M. Charles Duval est d'une famille où les talents, de père en fils, se sont fortifiés de tout ce que l'art a gagné et gagne tous les jours. On lui doit de nombreuses constructions, toutes extrêmement remarquables, et qui portent le cachet du maître. Nous citerons notamment plusieurs délicieux cottages du parc de Maison-Laffitte, nombre de châteaux, de maisons bourgeoises, d'hôtels, et tout particulièrement celui qu'il a su métamorphoser en palais pour recevoir mademoiselle Rachel. Aussi la réputation de M. Charles Duval repose-t-elle sur les bases les plus solides ; de grands projets d'utilité publique ont aussi été conçus par cet artiste, entre autres celui des halles centrales, qu'on a distingué parmi les plus heureusement conçus ; le plan des nouveaux boulevards sur les trois arrondissements de la rive gauche de la Seine, appelés à régénérer ce côté de la capitale, en faisant la contre-partie de nos superbes boulevards de la rive droite, de la Bastille à la Madeleine, projet auquel il sera peut-être indispensable de s'arrêter. Enfin, M. Charles Duval vient de mettre le sceau à sa juste renommée par la construction du nouveau *Grand Café parisien*, le plus grand café du monde, et sans contredit l'une des merveilles de Paris.

Dans le grand hôtel et dépendances autrefois occupés par la mairie du cinquième arrondissement sur le boulevard Saint-Martin, du côté improprement appelé la rue de Bondy, n° 26, l'édificateur, qui avait à lutter contre lui-même en se rappelant les brillants cafés qu'il a construits à Paris, en province, et qu'il construit à Lyon, etc., s'est senti assez fort pour ne pas se répéter.

Plus de deux mille mètres de superficie renferment une grande et haute galerie pleine d'une innombrable quantité de tables à dessus de marbre blanc, avec divans et sièges des plus élégants et des plus commodes. — L'arcade du milieu de cette pièce est occupée par un *comptoir d'observation*, où deux dames exercent leur surveillance et répondent à tous les renseignements désirés. — Une vaste salle carrée au milieu de laquelle une colonne supporte une mappemonde avec quatre cadrans donnant de tous côtés les heures. — Deux billards forment le centre de la pièce entourée de divans, pour y réunir le mouvement qui amuse et le repos qui soulage. — Nous voici dans la grande nef, aux proportions colossales, inconnues jusqu'à ce jour, salon des fées, séjour fantastique, dont le milieu contient vingt-quatre billards sur trois rangées, et entourés de balustrades aussi favorables aux joueurs animés qu'aux spectateurs curieux. — Dans le pourtour de cette immense partie de la localité se retrouvent encore des tables à dessus de marbre blanc, accompagnées des mêmes agréments que les autres. Le *comptoir principal*, placé sous les arcades du milieu de ce superbe vaisseau, est un véritable trône dont trois dames font concurremment les honneurs avec toute la grâce qui attire et l'affabilité qui retient. — Deux buffets font corps avec ce comptoir, sont ornés de quatre statues assises sur des barriques, où elles représentent les quatre villes produisant les meilleures bières de France, Paris, Lyon, Lille et Strasbourg. — Nous laissons aux visiteurs le plaisir de voir

M. CHARLES DUVAL,
ARCHITECTE DU GRAND CAFÉ PARISIEN.

fonctionner le moyen de distribution, aussi rapide qu'attrayant, de ces divers rafraîchissements, et la manière toute nouvelle avec laquelle se fait la recette.

À tous ces sujets d'amusement et de sincère admiration se joint, sous l'arcade faisant face au comptoir, une horloge mécanique, un *chronologomètre* d'une incroyable complication, dont le travail a coûté plus de 60,000 francs, non compris la sonnerie à carillon, et qu'il faut voir et entendre aussi pour s'en faire une idée exacte. Ouvrage phénoménal d'une grande curiosité.

Ce n'est pas tout. — La *salle des Divans*, qui fait suite au grand salon, et de forme triangulaire d'une grande régularité, est éclairée sur la rue du Château-d'Eau par des arcades, et ornée d'une double vasque, l'une immense, où nagent à plaisir des poissons et autres animaux aquatiques, l'autre proportionnée et soutenue par des dauphins avec piédestal portant un beau Mercure, autour duquel jaillissent l'eau et le feu. Ces effets hydrauliques et de la lumière sont des plus intéressants.

Deux entrées conduisent à ce séjour enchanteur. L'une rue de Bondy, boulevard Saint-Martin, près du Château-d'Eau, ayant forme d'arc triomphal orné de deux statues surmontées de chapiteaux, d'un côté l'*Industrie*, de l'autre le *Commerce*, avec groupes d'enfants au-dessus dans l'attique. — Au milieu de la frise sont les armes de la ville de Paris tenues par deux génies sur l'archivolte surbaissée, et offrant cette inscription :

GRAND CAFÉ PARISIEN, LE PLUS GRAND CAFÉ DU MONDE.

Enfin le tout est couronné d'un entablement qui complète cette porte, d'un dessin digne de fixer l'attention publique.

De l'autre côté, sur la rue du Château-d'Eau, un magnifique perron, précédé d'un vestibule, donne une seconde entrée.

Pour terminer, et sans avoir encore tout dit, les arts auxiliaires, et en particulier la sculpture, la peinture, les lustres et appareils à gaz, ainsi que les vitraux, achèvent à l'envi ce merveilleux ensemble, véritable temple aux mille arcades. — Deux cents enfants ronde-bosse, jouant de tous les instruments ; les bas-reliefs, les têtes-mascarons, saisis dans les deux sexes de toutes les nations du globe ; les armes des chefs-lieux de tous les départements de la France ; les ornements de toutes sortes du plafond par caissons et à ciel ouvert, avec marbres, fleurs et oiseaux partout, et d'une parfaite vérité ; enfin la profusion des glaces produisant des effets inattendus, tout ce luxe, de nature à n'être que faiblement décrit, veut être plusieurs fois examiné pour qu'on en comprenne la savante et délicieuse ordonnance. C'est un spectacle surprenant dans toute l'étendue de l'expression.

Inutile de dire que dans une conception semblable, dont le premier but est de réunir les conditions de santé et de plaisir sans regrets pour la foule qui s'y précipite, le jour, l'air, l'eau, l'éclairage et le chauffage sont l'objet des attentions les mieux calculées et des soins les plus minutieux. Sous tous ces rapports, les épreuves déjà faites sont encore dépassées par les résultats.

Le *Grand Café parisien* n'appartient pas seulement à la capitale, il est aussi celui des étrangers, des curieux de toutes les contrées ; car leurs voyages seraient incomplets, s'ils ne l'honoraient de leurs visites.

GRAND CAFÉ PARISIEN.

Entrée Principale.

BOULEVARD SAINT-MARTIN, 26, RUE DE BONDY.

AU CONGRES DE PARIS

138, Rue de Rivoli, au coin de celle du Roule, à Paris.

VÊTEMENTS POUR HOMMES, TOUT FAITS ET SUR MESURE.

Cet établissement est dirigé par des négociants qui ont fait le commerce de draperie et haute nouveauté en gros, et dont les relations avec les meilleurs manufacturiers de France, leur permettent d'offrir aux consommateurs des marchandises supérieures en qualité à tout ce qui s'est fait jusqu'à présent.

Pour juger de la différence avec les autres maisons, et pour apprécier le bon marché, l'élégance et la solidité de la couture, il suffit de visiter les magasins.

LES MEILLEURS COUPEURS DE PARIS
SONT ATTACHÉS A CET ÉTABLISSEMENT.

THE CONGRESS OF PARIS

138, Rue de Rivoli, at the corner of the Rue du Roule.

GENTLEMEN'S CLOTHING READY MADE AND TO MEASURE.

This establishment is conducted by parties who have been in the wholesale drapery trade, and who, being connected with the first manufacturers in France, are able to offer to the public articles superior to those generally on sale.

To judge of the advantages of this over other establishments it only necessary to pay a visit and notice the cheapness, elegance and solidity of the goods.

THE BEST CUTTERS IN PARIS ARE ENGAGED IN THE ESTABLISHMENT.

MAISONS RECOMMANDÉES.

PARIS ET LES DÉPARTEMENTS.

CERCLES.

Cercle du Commerce, 214, rue le Peletier.
Ancien Cercle, 16, boulevard Montmartre.
Cercle du Jeu de Paume, 6, passage Cendrié.
Cercle de Paris, 1, rue Laffitte.
Cercle Malaquais, 3, quai Malaquais.

Ce vaste Cercle, centralisant d'ailleurs le siége et les travaux des principaux corps scientifiques de la capitale, offre à ses deux cents membres *titulaires* (nombre strictement limité), l'entrée quotidienne de ses salons et la jouissance de sa riche bibliothèque, et tous les samedis, de novembre à mai, l'admission exclusive à ses soirées littéraires, artistiques et musicales. — On n'est reçu que sur une présentation spéciale. *Directeur-Propriétaire-Fondateur* : M. Charles Malo ✻, membre de plusieurs Académies de France.

ESTAMPES.

DAZIARO, 15, boulevard des Italiens, à Paris.
Maison à Moscou, Saint-Pétersbourg et Varsovie.

(Agent spécial pour la vente du *Panorama de Paris*.)

HOTELS.

Grand Hôtel du Louvre. (Voir page 28.)
Hôtel Meurice, — B. CAILLIEZ, 228, rue de Rivoli.
Hôtel Windsor, — ROUVEAU-FLEURET, 226, rue de Rivoli.
Hôtel des Italiens, — TOUSSAINT et MARTY, 23, boulevard des Italiens, et 29, rue de Choiseul.
Grand Hôtel de France et d'Angleterre, — CHALANQUI, 72, rue Richelieu (entrée des équipages, rue des Filles-Saint-Thomas).

Une des meilleures tables d'hôte de Paris à 4 fr. le couvert, avec une bouteille Bordeaux. — Dîners à part et à toute heure dans une des plus belles salles de la capitale.

Hôtel de Wagram, — J. BOULLÉE, 208, rue de Rivoli.
Hôtel Bedford, — MERCIER, 17, rue de l'Arcade.
Hôtel des Étrangers, — SOUFFLET, 2, rue Racine.
Hôtel du Chevalier du Guet, — CHERADAME, 112, rue de Rivoli.
Grand hôtel de Strasbourg, — DAMELINCOURT, 7, rue de Strasbourg, 78, boulevard de Sébastopol.
Hôtel et Café, — CORION, 65, avenue des Champs-Élysées.
Hôtel de Madrid, — Mme BUNTEN, 6, rue de la Bourse.
Hôtel du Commerce, — PASQUIER, 135, rue Saint-Honoré.
Hôtel de Bretagne, — FOULON, 14, rue Croix des Petits-Champs.
Hôtel des Ambassadeurs, — Veuve MIGNEAUX, 141, rue Saint-Honoré, en face des messageries Laffitte et Caillard.
Hôtel de Touraine, — JARY, 73, rue Taitbout.
Grand hôtel de Lyon, — MÉRIMÉE, rue Richelieu, entrée rue des Filles-Saint-Thomas, 12.
Hôtel d'Espagne, — Veuve GUICHARDOT, 26, rue Tronchet.
Hôtel Clarence, — J. MAGAUD, 26, rue de Grenelle Saint-Germain.
Hôtel d'Angoulême, — GUYOT, 5, rue des Petites-Écuries.
Chateau de Chateaubriand, — SEYMOUR, Board and Residence, — 19, rue Châteaubriand.

CAFÉS.

Café du Palais du Luxembourg (ancien café Tabouret), — DUBOIS, 20, rue de Vaugirard.

Ce café est le rendez-vous de tous les étrangers qui visitent le Luxembourg, surtout des Anglais. — Déjeuners et glaces.

Café du Vaudeville, — VALLÉE, place de la Bourse.

Spécialité de déjeuners.

Café Montmartre, — Mme TARATTE, 19, rue Montmartre.
Grand café-estaminet de l'Yonne, — CONSEIL, 50, rue de Rivoli, près l'Hôtel de ville.
Café-restaurant d'Aguesseau, — RECORDON, 6, place du Palais de Justice.
Café de la Paix, — Alexis DURAND, 6, rue Grégoire de Tours.

Spécialité de soupers. Consommation de premier choix. Prix très-modérés. Billards. Ouvert jusqu'à deux heures du matin.

Café Virginie, — J. JUDLIN, 162, faubourg Saint-Denis, près le chemin de fer du Nord.

Ce joli établissement se recommande par la qualité supérieure de toutes ses consommations et la modicité de ses prix.

CAFÉS.

Café de la Rotonde (jardin du Palais-Royal). (Voir page 24.)
Grand Café Parisien, boulevard Saint-Martin, 26. (Voir pages 38, 39.)
Café Keubet, 39, rue de Dunkerque.
Café de la Fenscrie, — GOURÉE, 55, boulevard Beaumarchais.
Café Léon, 40, boulevard du Temple.
Établissement-modèle du Percolateur, place du Palais-Royal.
Café et hôtel Stanislas, — DERQUENNE, 13, rue de Strasbourg, en face l'embarcadère.

Consommations de premier choix, service parfait. Prix modérés.

Café Thabin, 14, rue Richer.
Café de la Cité Bergère, — WOLFF, 10, rue du Faubourg-Montmartre.
Café des Deux Mondes, — HATTNER et fils, 37, boulevard des Capucines.
Café de l'Industrie, — DAVID, 27, boulevard de Strasbourg.
Café du Nord, — Veuve DEFLANDRE, 19, rue Richelieu.
Café du Grand Balcon, — DESCHAMPS, porte Saint-Denis.

Déjeuners. — Dîners. — Billards.

Café Lebrun, 8, rue Saint-Martin.
Café de Londres, — Mme COUCHOT, 25, boulevard de la Madeleine.
Café Molière, — LACOLLEY, 35, rue Richelieu.
Café Racine, — CAUCHOIS, 24, rue Racine, et 20, rue Monsieur-le-Prince.
Café de la Ville de Bordeaux, — DESHAYES, 10, boulevard Bonne-Nouvelle.
Café de l'Hôtel des Ventes, — BLUMENTHAL, 5, rue Drouot.
Café de Sébastopol, — BUCHEZ, 135, rue Saint-Martin.
Café-estaminet de l'École de Droit, — DESMAREST, 3, rue Soufflot.
Café des Mousquetaires, — CAILLAUX, 74, boulevard du Temple.
Café Flamand, — FENETS, 10, boulevard Saint-Martin.
Café Hausselin, — BRÉVIGNON, 80, boulevard du Temple.
Café de la Bastille, — CORNU, 2, boulevard Beaumarchais.
Café-restaurant Casselin, — 17, rue des Saints-Pères.

Table d'hôte de cinq heures et demie à huit heures, à 1 fr. 75 cent.

Café-concert Hardy, 86, rue Montmartre.
Café du Cloître, — MURIOT, 9, rue du Cloître Saint-Jacques.
Café Montesquieu, — MOYNET, 5, passage Montesquieu.
Café du Théâtre de la Porte Saint-Martin, — PERSEVAL, 14, boulevard Saint-Martin.
Café Lallement, 26, boulevard Bonne-Nouvelle.
Café Auguste, — CAUSSIN, 314, rue Saint-Martin.
Café Léon, — LÉONARD, 314, rue Saint-Honoré, au fond de la cour.
Divan Richelieu, — PAGUET, 25, rue Richelieu.

Café-estaminet. — Quatre billards. — Journaux français, anglais et allemands.

SALONS DE LECTURE.

Galignani's reading rooms, 224, rue de Rivoli. (Voir page 21.)
Mme Banmeyer, 12, boulevard Montmartre.

Journaux et revues de France et de l'Étranger. — Salon pour les fumeurs.

Canning's english and foreign reading rooms and circulating library, 6, place de la Madeleine, at the bottom of the Court (1er floor).

LYON.

Hôtel des Façades, — BILLOT, 15, place Bellecour, et 2, rue des Marronniers.
Hôtel des Quatre Nations, — VAUBERTRAND, 9, grande rue Sainte-Catherine.
Hôtel des Courriers, — VIBERT, 15, rue Saint-Dominique.

Il y a dans l'hôtel un restaurant. — Des voitures de remise correspondent pour tous les trains du chemin de fer.

Hôtel de Provence et des Ambassadeurs, — PHILIBERT, place de la Charité, à côté des chemins de fer de la Méditerranée et des bateaux à vapeur du Rhône.
Café Berthoux, — DOMERGUE.
Café de l'Opéra, — LANDWERLIN, 29, rue Puits-Gaillot.

DIEPPE.

Hôtel d'Angleterre, — James HILTON, 9, quai Henri IV.
Hôtel du Géant, — MERCIER jeune, place du Marché aux Veaux, près le chemin de fer, la douane et les paquebois.
Hôtel Royal, — LAFOSSE aîné, sur la plage, face à la mer.

NANTES.

Hôtel de Bordeaux, — BORDEAU fils, derrière le grand théâtre.
Café du Cours Saint-Pierre, — CHEVALIER.
Café de l'Univers, — DESPRÉS, place Graslin.

LE HAVRE.

Hôtel Frascati, — BREDART, au bord de la mer.
Bains chauds et froids de toute espèce. Vaste jardin, avec gymnastique pour les enfants, salles de concert, de billard, de bal, etc.
Hôtel de France, — BRUNEL, 15 et 17, Grand Quai.
Hôtel des Indes, — BESONGNET, 65, Grand Quai, en face les bateaux de Caen, Southampton, Trouville, Honfleur et Cherbourg.
Hôtel de l'Europe, — LOISEAU et PIERROTET, 121, rue de Paris.
Hôtel de Paris, — MARCOU, 75, Grand Quai.

BATIGNOLLES.

Limonadier, — De HELLY-AUBRY, 11, Grande Rue.

DIJON.

Hôtel du Parc, — RIPARD fils aîné.
Hôtel de la Cloche, — GOISSET, 15, rue Guillaume, à proximité du débarcadère du chemin de fer de Paris à Lyon.
Café de la Bourse, — DOSSON, 8, place d'Armes.
Café Thibault, — THIBAULT, glacier, rue de Condé, en face la Bourse.

AMIENS.

Hôtel de France et d'Angleterre, — FONTAINE, rue des Rabuissons.
Hôtel de Pavillon, — LAUGÉ, 72, rue des Jacobins, maison du comte d'Auberville, ci-devant hôtel de Londres et du Nord.
Hôtel du Rhin, — BATONNIER, place Saint-Denis.

BOURGES.

Hôtel de France, — TASTAYRE.
Hôtel de la Croix d'Or, — BROULT, 55, rue Saint-Bonnet.

LILLE.

Café de ma Campagne, — BAUR, sur l'Esplanade.

COGNAC.

Café Ruby, place d'Armes.

LA ROCHELLE.

Café National, FOURNIER.

ROUEN.

Grand Hôtel d'Angleterre, DELAFOSSE, cours Boieldieu, quai de la Bourse, à côté du théâtre et de la Bourse.
Restaurant et table d'hôte.
Grand Hôtel d'Alger, LARCHER, 6, place Impériale.
Hôtel des Augustins, — HUET, 22, rue des Augustins.
Écuries et remises très-convenables. — Roulage.
Café Houdard, HOUDARD, 58, quai Napoléon.
Café Notre-Dame, DRIEUX, 2, place Notre-Dame.

ORLEANS.

Grand Hôtel d'Orléans, — FILLION et BREBAND, 120, rue Bannier.
Café de la Ville, — BOTTO, place Jeanne d'Arc, 9.
Café Thoinet, — LEFEBVRE, 15, place du Martroi.

TOURS.

Grand Hôtel du Faisan, — TROTIGNON, rue Royale.
Hôtel de la Galère, — GIRAULT, rue de la Galère.
Hôtel de l'Univers, — DUCHEMIN, boulevard Heurteloup.
Hôtel de Bordeaux, — DESAUNAY, en face la gare du chemin de fer.

SAULIEU.

Grand Hôtel de la Poste, — CAILLOT, maître de poste.

MONTPELLIER.

Hôtel du Midi, — MASSON.
Hôtel d'Orient, — LAPIERRE, place du Débarcadère, au fond de la rue Saint-Roch.
Bureau de tabac.

TOULOUSE.

Hôtel de Londres, — VIGUIER, 60, rue de la Pomme, et 7, rue la Pérouse.
Bains dans le jardin de l'hôtel, alimentés par l'eau (filtrée) de la Garonne.
Hôtel de France, — ALQUIE, place Saint-Étienne.
Grand Hôtel des Empereurs, — VIDAL, place du Capitole.
Hôtel du Grand Soleil, — LAURIOL.

BOULOGNE-SUR-MER.

Hôtel de Calais, — SERIN, 16, rue du Pot d'Étain.
Hôtel du Nord, — MUHLBERQUE.
Hôtel de l'Europe, — MOYSE, sur le Port.
Café Martin, — MARTIN, rue Neuve-Chaussée, 51.

CALAIS.

Hôtel de Genève et Victoria, — DEVEYER, rue de la Mer.
Hôtel de Flandre, — BRANCE.
Café de l'Europe, — ISÉBE, rue du Havre et de la Mer.

STRASBOURG.

Hôtel de la Pomme d'Or, — BAYER, 3, rue d'Or.
Hôtel de la Fleur, — DOERR, rue de la Douane.
Hôtel de Paris, — DIEMER.
Cet hôtel est situé dans la plus belle position de la ville, et est connu comme un des meilleurs et des plus confortables du continent.
Café Berneck, — CHORIN, 42, quai des Bateliers.
Café de la Lanterne, — ABERER.
Café Baur, — BAUR, 27, rue du Dôme.

NANCY.

Hôtel de l'Europe, — Veuve MATHIS.

FONTAINEBLEAU.

Hôtel de la ville de Lyon, — DUMAINE, rue Royale.

BORDEAUX.

Hôtel de l'Europe, — BAFRAU, 16, rue du Pont de la Mousque.
Hôtel de Toulouse, — CHARTROU, 36, rue Porte-Dijeaux.
Hôtel de France, — HUE jeune.
Restaurant et hôtel des Voyageurs, — NICOLET fils, 10, 12 et 14, près la Bourse, rue du Pont de la Mousque.
Hôtels des Sept Frères et du Midi réunis, — MAURIAC, 13, rue Porte-Dijeaux.
Hôtel de Paris, — CLAVÉ, 22, allées d'Orléans.
Hôtel des Quatre Sœurs, — FAULOT sœurs, rue du Trente-Juillet.
Hôtel Broussard, — BROUSSARD, 22, rue Saint-Siméon.

MARSEILLE.

Hôtel des Phocéens, — ROUX, 4, rue Thubaneau.
Grand Hôtel d'Idalie, — RIQUE, 7, quai Napoléon.
Hôtel des Deux Indes, — CROIZET frères, 34, rue Latérale du Cours.
Hôtel du Nord, — ROUX fils aîné, 8 et 10, rue Thubaneau.
Hôtel du Parc, rue Vacon, 56, et Hôtel Richelieu, rue Vacon, 50. — A. DEPOUZIER.
Grand Hôtel Beauvau, — SCHUMACHER, vue sur la mer.
Hôtels de l'Univers et de Castille réunis, — PARERA, 1, rue Jeanne Anacharsis, coin de la rue Saint-Féréol, à côté de la Poste.
Hôtel de France, — Germain RENAUD, 8, rue d'Aubagne.

NIMES.

Café du Commerce, — JALABERT.
Hôtel et restaurant Durand, — DURAND, place de la Couronne.
Café des Fleurs, — PERILLIER jeune, avenue Feuchères.

ÉTABLISSEMENTS DE L'ÉTRANGER

OÙ L'ON PEUT CONSULTER LE *PANORAMA DE PARIS*

LONDRES.

House of Lords (Chambre des Pairs) Library. — Palais de Westminster.
House of Commons (Chambre des Députés) Library. — Palais de Westminster.
Lloyds Rooms. — Royal Exchange, Cornhill.
Jerusalem Coffee House. — Cowper's Court Cornhill.
Baltic Coffee House. — 58, Threadneedle street.
Guildhall Library. — King street, Cheapside.
Royal Society. — Burlington House, Piccadilly.
Royal Institution. — Albemarle street, Piccadilly.
Royal Geographical Society. — Waterloo place.
London Institution. — Finsbury Circus.
London Library. — 12, St-James's square.
Russell Institution. — 55, Great-Coram street, Russell square.
Marylebone literary Institution. — Edward street, Portman square.
London mechanics Institution (Littéraire et Scientifique). — Southampton Buildings, Chancery Lane.
Westminster Institution (Littéraire et Scientifique). — Great Smith street, Westminster.
Jews and general Institution (Littéraire et Scientifique). — Sussex Hall, 52, Leadenhall street.
Islington literary and scientific Society. — Wellington street, Upper street, Islington.
Southwark literary Institution. — 8, Portland place, Borough Road.
Beaumont Institution (Littéraire et Scientifique). — Mile-End Road.
Polytechnic Institution. — Regent street.
Great Globe (Grand modèle de la terre, etc.). — Leicester square.
Army and Navy Club. — 20, Pall Mall.
Athenæum Club. — 107, Pall Mall.
Carlton Club. — 54, Pall Mall.
City Club. — 19, Old Broad street, City.
Conservative Club. — 74, St-James's street.
East India United Service Club. — 14, St-James's square.
Erectheum Club. — 8, York street, St-James's.
Garrick Club. — 35, King street, Covent Garden.
Gresham Club. — Gresham place, King William street, City.
Junior United Service Club. — 11, Charles street, St-James's.
Law Society. — 103, Chancery Lane.
Oxford and Cambridge Club. — 71, Pall Mall.
Parthenon Club. — 16, Regent's street.
Reform Club. — 104, Pall Mall.
Travellers Club. — 106, Pall Mall.
Union Club. — Trafalgar square.
United Service Club. — 116, Pall Mall.
United University Club. — Pall Mall, East.
Whittington Club. — Arundel street, Strand.
Windham Club. — 11, St-James's square.
Great Western Railway. — Station du chemin de fer de l'Ouest à Paddington.
London and North-Western Railway. — Station à Euston square, New-Road.
Great Northern Railway. — Station à King's Cross, New-Road.
South-Western Railway. — Station Waterloo-Road.
Brighton and South Coast Railway. — Station près de London Bridge.
South-Eastern Railway. — Station près de London Bridge.
Cigar Divan (Salon de lecture et Estaminet). — Strand.
Salon de Lecture. — Leicester square.
Salon de Lecture. — Cheapside.
Stanford (E.), (Librairie Coloniale), n° 6, Charing Cross.
Algar and Street, agents pour les annonces dans le *Panorama de Paris*, 11, Clements Lane, Lombard street.

ÉDIMBOURG.

Philosophical Institution. — Queen street.
Advocates' Library (Librairie de la Société des Avocats).
Library of the Writers of the Signet (Librairie de la Société des Avoués).
Town Council Library.
New-Club. — Princes street.
Chamber of Commerce.

DUBLIN.

Royal Irish Society.
Chamber of Commerce.

ABERDEEN.

Town Council. — (Librairie.)

BELFAST.

Chamber of Commerce.

BRIGHTON.

The Athenæum. — (Institution littéraire.)
Stein Rooms. — (Librairie.)

BRADFORD.

Chamber of Commerce.
Mechanics Institution.

DUNDEE.

Chamber of Commerce. — (Librairie.)

DOVER.

Chamber of Commerce.
Lord Warden Hotel.

GLASGOW.

Faculty of Notaries. — (Librairie de la Société des Notaires.)
Chamber of Commerce.

FOLKSTONE.

Station du Chemin de Fer.
Pavillion Hotel.

GREENWICH.

Société pour la diffusion des connaissances utiles.

HASTINGS.

Literary Institution.

LEITH.

Exchange Rooms.

LEEDS.

Chamber of Commerce.
Philosophical Institution.
Mechanics Institution.

LIVERPOOL.

Chamber of Commerce.
Royal Institution.
Collegiate Institution.
Mechanics Institution.

MANCHESTER.

Chamber of Commerce.
Commercial Association.
Athenæum.
Mechanics Institution.

NEWHAVEN.

Station du Chemin de Fer. — Hotel.

NEWCASTLE.

Chamber of Commerce.

OXFORD.

Bodleian Library.
Radcliffe Library.

SHEFFIELD.

Chamber of Commerce.
Athenæum.

SOUTHAMPTON.

Chamber of Commerce.
Yacht Club.
Polytechnic Institution.
Matchams Hotel.
Radley's Hotel.

WORCESTER.

Chamber of Commerce.

ÉTATS-UNIS.

NEW-YORK. — Tuttle's Emporium; Broadway. — G. W. TUTTLE, agent pour la vente en gros du *Panorama de Paris*.

BOSTON.

(Massachusetts) Ben Franklin Hotel, CHARLES S. MARTIN, 3, Morton Place.

ON TROUVE AUSSI LE *PANORAMA DE PARIS*

SUR LES PAQUEBOTS SUIVANTS :

Navigation transatlantique du Havre a New-York, du Havre a New-Orléans, du Havre a Rio-Janeiro, COMPAGNIE FRANCO-AMÉRICAINE, Gauthier Frères et Cie, 14, rue Drouot, Paris; 23, quai d'Orléans, au Havre.

COMPAGNIE TRANSATLANTIQUE DE GÊNES. — Ligne du Brésil. (*V. p. 22.*)
PAQUEBOTS A VAPEUR SARDES. — Italie, Sardaigne, Afrique. (*V. page 22.*)

AGENCE INTERNATIONALE

Administration a Paris,

13, Rue Montyon, faubourg Montmartre, 13.

D. BOISTIER & C⁹.

CORRESPONDANTS

EN

ANGLETERRE, EN BELGIQUE, EN ALLEMAGNE

EN AMÉRIQUE, AUX INDES, & EN CHINE.

CORRESPONDENTS

IN

ENGLAND, BELGIUM, GERMANY, AMERICA

INDIA, AND CHINA.

PUBLICITE.

Insertion des annonces dans tous les journaux de France et de l'étranger, ainsi que dans les publications de tous genres, y compris la rédaction et la traduction dans toutes les langues, sans aucune augmentation de prix; prospectus, affiches simples ou illustrées, tableaux de chemins de fer, d'omnibus, d'hôtels, etc., etc.

Salons d'exposition pour les objets d'art et d'industrie de luxe.

PLAN INDICATEUR DES LOCATIONS.

Au 1er mars 1857, l'Agence publiera un JOURNAL (déposé, demande de brevet faite pour son nouveau système d'indication), *donnant les renseignements les plus complets sur les locaux, terrains, maisons,* etc., etc., *à vendre et surtout à louer, le tout avec plans et dessins.*

C'est une immense lacune que nous allons combler. Les nombreuses démolitions qui ont été récemment faites et qui se font chaque jour, les innombrables constructions qui s'élèvent de tous côtés, le besoin continu de chacun d'être tenu au courant des locations vacantes, tout nous est un sûr garant de l'accueil favorable réservé à cette publication.

DESSINS ET GRAVURES.

La publicité, les brevets, les ventes de maisons, terrains, etc., etc., tout, en un mot, ne peut être complet aujourd'hui qu'au moyen de *dessins* ou *clichés*. Néanmoins, nombre de personnes n'y ont point recours, en raison de la multiplicité des démarches à faire et de l'incertitude d'une parfaite exécution.

L'Agence se charge de tous ces soins. Deux ouvrages qu'elle vient de publier : Le Panorama de Paris et Paris d'après la photographie, sont les meilleurs titres de garantie qu'elle puisse offrir.

BREVETS.

L'Agence, possédant à l'étranger les maisons les plus importantes comme correspondants, peut toujours fournir les renseignements gratis et se charge de toutes les formalités à remplir, ce qui permet ainsi *d'assurer à l'inventeur la demande et l'obtention de brevets dans le plus bref délai.*

POLYTYPOMOCHROMIE.

Procédé breveté en France, en Angleterre et en Belgique pour l'impression en couleurs variées; *spécialité de bulletins d'actions,* affiches, prospectus, et en général tout ce qui a rapport à l'imprimerie, à des prix de 50 pour 100 au-dessous de ceux payés jusqu'à ce jour et par conséquent de très-peu au-dessus de ceux pour l'impression en noir.

AVIS AU COMMERCE ET A L'INDUSTRIE.

L'*Agence* se charge de la vente et de l'achat d'immeubles, de fonds de commerce et AVANCES SUR FONDS PUBLICS.

TRANSPORTS.

Express anglais, A Londres, Wheatley et C⁰, 150, Leadenhall street, transports pour Londres par Boulogne en 24 heures (depuis 3 francs), bagages et marchandises par petite et grande vitesse à des prix proportionnellement modérés.

Express transatlantique, Williams et C⁰, 168, Broadway New-York, 84, Washington St. Boston. Marchandises et paquets transportés à toutes les parties des États-Unis, du Canada, de la Nouvelle Écosse, de Cuba, etc. Lettres de change payées, marchandises achetées et comptes payés.

AGENT, G. W. YAPP, AGENCE INTERNATIONALE,
13, RUE MONTYON, FAUBOURG MONTMARTRE, A PARIS.

PUBLICITY.

Advertisements inserted in journals and other publications French and foreign, including composition and translation in all languages without augmentation of price : prospectuses, placards, plain and ornamental, railway tables, omnibus and hotel lists, etc.

Exhibition rooms for objects of art and art-manufactures.

REGISTER OF APARTMENTS AND HOUSES.

On the 1st of march 1857 a journal will be published by the Agency (a patent having been demanded for a new system of registration) which will give most complete information concerning land, houses and apartments to be let or sold. Illustrated by plans and drawings.

The enormous number of houses that have been demolished and the numbers which are still being pulled down, and consequently the vast amount of new buildings in the course of erection, or to be built, on all sides, renders some systematic mode of indicating to the public where they may obtain what they require, of great and pressing importance, and we doubt not that our coming publication will be at least as successful as those which we have already issued.

DRAWING AND ENGRAVING.

Advertisements, new inventions, sales of houses or land, in a word, everything requires now-a-days to be *illustrated*. Nevertheless many persons are obliged to forego engravings on account of their expense and of the difficulty of getting them well executed.

This Agency undertakes the entire charge of such matters. Two works just issued from the office, The Panorama of Paris and Paris photographique, afford the best proofs of the sort of work that will be supplied.

PATENTS.

The Agency, being in correspondence with well established houses abroad, is enabled to afford information, gratis, concerning foreign patents, and undertakes to take all the necessary steps and complete all business connected with patents in the shortest possible time.

SIMULTANEOUS COLOR PRINTING.

New method of printing simultaneously in various colors, patented in France, England and Belgium, applicable to the printing in colors, placards, hand bills, circulars, and in fact to all kinds of printing. The cost of printing in colors by this method is 50 per cent below the ordinary price of color printing and consequently, very little above that of ordinary printing in black.

COMMERCIAL AGENCY.

Purchases, sales and every kind of commercial agency effected in the home and foreign trade.

TRANSPORTS.

English express, London, Wheatley et C⁰, 150, Leadenhall street. Parcels to London by Boulogne in 24 hours, from 3 francs, luggages and goods by slow and quick trains at proportionately moderate prices.

Transatlantic express, WILLIAMS et C⁰, 168, Broadway, New-York, 84, Washington St. Boston. — Goods and parcels conveyed to all parts of the United States, Canada, Nova Scotia, Cuba, etc.; drafts collected, goods purchased and accounts paid.

AGENT, G. W. YAPP, INTERNATIONAL AGENCY,
13, RUE MONTYON, FAUBOURG MONTMARTRE, A PARIS.

www.ingramcontent.com/pod-product-compliance
Lightning Source LLC
Chambersburg PA
CBHW071414200326
41520CB00014B/3447